Levi – Schattenbereich der Normalität

MELANIE MEIER

# *Levi*

## Schattenbereich der Normalität

ROMAN

**Impressum**

© 2012/2021 Melanie Risi-Meier, Zürich
Überarbeitete Neuauflage 2021

Lektorat: Armin Risi
Satz und Layout: buchseitendesign by Ira Wundram,
www.buchseiten-design.de
Cover: Melanie Risi-Meier
Druck: epubli – ein Service der Neopubli GmbH, Berlin

Verlag:
Melanie Risi-Meier
c/o Josef Meier
Karl-Esser-Straße 5
93049 Regensburg
E-Mail: mm@melanie-meier.de

Das Werk, einschließlich seiner Teile, ist urheberrechtlich geschützt.
Jede Verwertung ist ohne Zustimmung der Autorin unzulässig.
Dies gilt insbesondere für die elektronische oder sonstige
Vervielfältigung, Übersetzung, Verbreitung und öffentliche
Zugänglichmachung.

www.melanie-meier.de

# INTRO

In seinen Augen stand Stille. Es war jene Stille, in der das ganze Dasein Platz findet.
Die Erzengel Michael und Gabriel blickten mit ihren steinernen Gesichtern von der Kirche auf ihn herunter und teilten sein Schweigen. Raphael und Uriel drehten ihm den Rücken zu.
Über ihnen drängten sich die Gewitterwolken ineinander wie Würmer im Eimer des Fischers.
Als die ersten Regentropfen auf sein Gesicht fielen, blinzelte er. Es waren fette Tropfen, und sie verlangten nach mehr. Innerhalb von Sekunden war seine Kleidung durchnässt.
Blind starrten die Monumente. Mit all seinem Sein starrte Levi zurück. Aber sie alle blieben stumm; Fleisch und Stein schwiegen.
Levi zog den Rucksack vom Rücken, holte seinen MP3-Player heraus und stopfte sich die Hörer in die Ohren. Als die Musik begann, wippte er leicht mit dem Kopf im Takt. Das Wasser lief ihm über das Gesicht, trommelte auf den Schirm seiner Mütze.
»Ach leckt mich doch.«
Im Umdrehen zeigte er den Statuen den Mittelfinger. Er ging zur Haltestelle, stieg in den nächsten Bus und fuhr nach Hause.

**01.04.2012**

Levi übergab sich. Er hievte den Kopf über die Kante des Sofas und kotzte, bis er nichts mehr im Magen hatte.

**02.04.2012**

Als er am nächsten Tag erwachte, schleppte er sich ins Badezimmer, putzte sich die Zähne und spülte mit Mundwasser nach. Ihm stiegen Tränen in die Augen. Er spuckte das Mundwasser ins Waschbecken und verharrte, den Kopf gesenkt, mit den Händen an dem verdreckten Porzellan abgestützt.
Alles roch nach Hemmungslosigkeit. Er selbst, seine Kleidung, das Badezimmer, die Luft und das Leben.
Schließlich hob er den Kopf und sah in den Spiegel. Die Augen, die ihm entgegenblickten, waren rotgerändert und lagen tief in den Höhlen. Die Haut um sie herum war fahl, als flösse längst kein Blut mehr durch die Bahnen. Das schwarze Haar hing im strähnig in die Stirn, an der Seite war es plattgedrückt vom Schlafen. Die Bartstoppeln waren älter als drei Tage. Seine letzte Dusche ebenfalls. Levi richtete den Blick hinter sich und damit auf die dunklen Schlieren, die ihn träge umtanzten. Er hob die Hand, schnippte mit den Fingern. Sie verschwanden.

Er ging zurück ins Wohnzimmer und wischte die Hinterlassenschaften des Rausches auf. Danach setzte er sich auf das Sofa und starrte vor sich hin.

Als das Telefon schrillte, schreckte er aus einem flachen Schlaf auf. Er hievte sich in die Höhe, torkelte in den Flur zur Telefonstation und hob ab.

»Levi«, sagte seine Mutter, »endlich erreiche ich dich! Eigentlich wollte ich nur ein Lebenszeichen von dir.«

Er seufzte. »Eigentlich wolltest du mich nur erinnern, dass Tante Hilda heute Geburtstag hat.«

»Das eine schließt das andere nicht aus. Du hörst dich schon wieder so müde an. Ist alles in Ordnung?«

»Ja.«

»Wann kommst du mal wieder raus? Wir haben uns bestimmt seit zwei Monaten nicht mehr gesehen.«

»Ich weiß nicht. Viel zu tun.«

Ein paar Sekunden herrschte Schweigen.

»Also gut. Ich kann dich ja zu nichts zwingen. Musst du wissen. Vergiss nicht, Hilda anzurufen. Das freut sie bestimmt.«

»Ja. Bestimmt.«

»Pass auf dich auf.«

»Klar. Tschüss.«

Er stellte das Telefon zurück in die Station und drehte sich um. Und dort, keinen Meter vor ihm, stand einer der Drillinge. Ein paar Sekunden lang starrte Levi ihn nur an, dann ging er an ihm vorbei und ins Wohnzimmer. Er setzte sich auf das Sofa und sah geradeaus gegen die kahle weiße Wand.

Es gab keinen Grund, den Drilling anzuschauen. Levi

wusste, dass er durch ihn hindurchsehen konnte wie durch Rauch, und er wusste auch, dass der Drilling auf keine seiner Fragen antworten würde.

Mit steinerner Miene streckte er sich über die Sofalehne, fingerte im Kasten nach einem vollen Bier und öffnete es mit dem Feuerzeug. Levi nahm einen tiefen Schluck und warf einen Blick auf das Display seines Handys. Fünfzehn Uhr neunzehn.

»Nimm dir doch auch eins«, sagte er tonlos und deutete auf den Bierkasten. »Stoßen wir auf unsere Zusammenarbeit an. Sie ist sehr fruchtbar.«

Schweigen.

Levi zündete sich eine Zigarette an. Währende er ausatmete, sah er die Erscheinung an, die vor dem Türrahmen stand und seinen Blick erwiderte. Da war keine Regung im Gesicht, keine Anteilnahme, aber auch keine Abneigung. Gar nichts.

»Ihr kotzt mich an, du und deine begnadeten Freunde. Ihr lasst mich das alles sehen und schweigt. Ihr seht mir zu, wie ich mich zugrunde richte, und schweigt. Nichts als Schweigen.« Als Levi die Bierflasche schwenkte, schwappte sie über. Er ignorierte die Pfütze auf dem Kunstleder. »Ihr kotzt mich an.«

Einige Zeit trank er, ohne noch einmal hinüberzusehen. Levi wusste, dass der Drilling inzwischen nicht mehr allein war. Sie kamen nie allein. Zuerst erschien einer, dann der zweite und schließlich der dritte. Sie antworteten nicht, aber sie sahen ihn. Genauso wie die Schwärze ihn wahrnahm.

Bevor sie sprechen konnten, stand er auf. Levi ging auf sie

zu und sah vom einen zum anderen. Wieder schwenkte er die Bierflasche.

»Ich will nicht mehr. Ich werde streiken. Habt ihr gehört? Ich streike, bis ich eine Antwort bekomme. Das ist mein Ernst.«

Er sah sie der Reihe nach an. Wohlgestaltete Gesichter, wie gemeißelt.

Levi kicherte. »Mein Name ist Ernst, ich bin der König der Gaukler. Nehmt mich beim Wort.«

Als sie sprachen, wankte er bereits zurück zum Sofa und verweigerte jeden weiteren Blick.

»DER EWIGE GEDANKE IST ZEITLOS, UND ER FÜHRT ZUM WORT, UND DAS WORT ZUR TAT. DREI SIND EINS, SO WILL ES DAS EWIGE GESETZ, UND DAS GESETZ IST GOTT.«

Sie sprachen wie aus einem Mund. Sie alle bewegten ihre Lippen, doch es erklang nur eine einzige Stimme, die durchdringend und laut klang. Und die nur Levi hören konnte.

Levi winkte ab. »Kenne ich. Hermes Thoth. Alles nachgelesen, alles Bullshit. Hilft mir einen Scheiß, ihr geklonten Theoretiker. Nehmt euch lieber ein Bier und sprecht mal Tacheles.« Er rülpste.

»ICH BIN DAS ICH BIN.«

»Ja, ja. Eine hängende Schallplatte ist interessanter. Geht und nervt jemand anderen.«

»SIE KOMMT IM MORGENGRAUEN. IHR HAUPT WIRD BUNT SEIN.«

Levi lachte. »Schön für sie. Ich schlafe dann noch.«

»ES STEIGT VON DER ERDE ZUM HIMMEL UND

KEHRT ZURÜCK, DAMIT ES DIE MACHT DES OBEREN UND DES UNTEREN EMPFANGE.«
»Verpisst euch! Ich hab euch nicht eingeladen.«
»ICH BIN DAS ICH BIN, WEIL ICH DIE DREI TEILE BESITZE.«
Levi sah zu ihnen hinüber. »Leute, entweder ihr nehmt euch ein Bier, setzt euch zu mir und wir ziehen uns ein bisschen Musik rein, oder ihr haut ab. Ich mach da nicht mehr mit. Das letzte Mal, als ich mich in das Leben eines anderen eingemischt habe, wär' ich fast im Knast gelandet. Das könnt ihr nicht verlangen.«
Sie waren längst verblasst. Sie gingen, wie sie kamen: plötzlich und unvorhersehbar. Nicht einmal Levi konnte sagen, wann sie kamen oder gingen.
Er zündete sich eine weitere Zigarette an und lehnte sich im Sofa zurück. Die Schlieren umtanzten ihn. Levi hob die freie Hand, schnippte mit den Fingern und verscheuchte sie.
Levi wusste, dass sie hier waren, weil er trank. Sie lauerten wie Diebe, von ihrem Durst getrieben. Sein Rausch zog sie an wie ein Kadaver die Fliegen.
Dieses Mal war es sein Handy, das die Stille zerriss. Seine Hosentasche vibrierte. Levi stellte das Bier auf dem Tisch ab, zog das Handy hervor, warf einen Blick auf das Display und nahm ab.
»Phil! Ich wollte dich anrufen, ich weiß. Ich ...«
»Halt die Klappe, Lev. Du bist schon wieder betrunken, ich kann es hören.«
»War eine lange Nacht.«
»Jetzt übernehme ich mal deinen Job: Du hast dich

rumgetrieben, eine Alte aufgerissen, sie genagelt, danach hast du gekotzt, und ich hab dich grad aufgeweckt. Und du liegst in deiner eigenen Kotze.«

Levi lachte. »Fast.«

Die Leitung rauschte. Die Verbindung nach Afrika war nicht gut, war fast nie gut.

»In zwei Monaten komme ich für einige Wochen zu Besuch. Kann ich dir das Versprechen herausquetschen, dass du bis dahin noch lebst?«

»Klar. Hand drauf.«

Rauschen.

»Levi, hör zu. Du musst aufhören damit. Ich hau dir deinen blöden Schädel runter, wenn du nicht endlich aufhörst. Du benimmst dich wie ein trotziges Kind. Du hast eine Gabe, und du solltest dankbar sein. Wenn ich zurück bin, hast du eine Entziehungskur hinter dir. Verstehen wir uns?«

Levi schloss die Augen. »Phil? Mann, ich kann dich nicht hören. Was hast du gesagt? Die haben einem Kind den Schädel runtergeschlagen? Du musst raus aus diesem Land! Phil? Hallo? Hallo?« Er legte auf.

Und schlief erneut ein.

Drei Stunden später erwachte er, weil ihm der Speichel über die Wange lief. Levi setzte sich auf, wischte sich über den Mund und trank das angebrochene Bier aus. Anschließend duschte er, rasierte sich und zog frische Kleidung an.

Als er die Wohnung verließ, war es beinahe elf Uhr nachts.

Sie kam kurz vor Mitternacht. Sie trug einen grellbunten Hut.
Levi saß auf der steinernen Umrandung eines Brunnens in der Innenstadt, den Rucksack voll mit Bierflaschen. Zuerst nahm er die Frau nicht wahr. Sein Blick war schummrig, der Alkohol holte ihn ein. Als sie direkt vor ihm stand und nach Feuer fragte, erinnerte er sich.
»Setz dich«, sagte Levi. »Wir müssen reden.«
»Müssen wir?« Sie machte ebenfalls einen angeheiterten Eindruck.
»Niemand sieht mich, denn ich will nicht gesehen werden. Niemand spricht mich an, bis ich mich bemerkbar mache. Du hast mich trotzdem gesehen.« Er deutete auf ihren Kopf. »Und du hast ein buntes Haupt.«
Sie kicherte. »Du rauchst und ich brauchte Feuer. Und ich mag den Hut.«
Levi sah ihr ins Gesicht. Nichts geschah. Er betrachtete den Hut. Er war hässlich.
»Magst du Musik?«
»Was?« Er griff in seinen Rucksack, öffnete ein Bier mit dem Feuerzeug und reicht ihr die Flasche.
»Na, Musik. Hörst du gern Musik?«
Levi sah sie erneut eingehend an. Noch immer nichts.
»Ich liebe Musik«, antwortete er. »Sie ist die einzige Möglichkeit, das nach außen zu bringen, was man mit Worten nicht beschreiben kann. Musik öffnet den Weg in andere Ebenen. Sie ist Ventil und Medium zugleich.«
Jetzt musterte sie ihn erstaunt. Sie nahm einen Schluck vom Bier. Levi fiel auf, dass ihr Lächeln schief war. Sie

zog nur einen Mundwinkel nach oben, der andere neigte sich nach unten. Der Hut saß gerade.

»Du bist ein einsamer Mensch, der viel sinniert. Habe ich recht?«

Levi zuckte mit den Schultern. »Nicht einsamer als alle anderen. Einsamkeit ist eine Einbildung und abhängig vom jeweiligen Moment.«

»Mein Gott, kannst du auch normal reden?«

Levi grinste. »Nur, wenn ich nüchtern bin.«

»Na dann.« Sie hob ihr Bier und stieß mit ihm an. »Wir sollten uns mal treffen, wenn wir nüchtern sind.«

»Kommt selten vor.«

»Was? Dass du dich mit anderen Leuten triffst, oder dass du nüchtern bist?«

»Beides.«

»Du machst dich interessant.«

Sie musste die Falsche sein. Noch immer konnte Levi nicht sehen, was aus ihr werden würde. Die Drillinge hatten sich getäuscht.

»Ich mache gar nichts. Ich bin nur. Das ist alles.«

Er konnte grüne Sprenkel im Braun ihrer Augen erkennen. Und Stille, unendliche Stille und Frieden. Ihm wurde klar, dass das hier anders war. Es kam keine Vision. Es würde auch keine kommen. Hier herrschte echte Stille. Blankes Sein.

Unwillkürlich griff er in ihren Nacken, zog sie zu sich und küsste sie. Noch immer nichts.

Sie schob ihn von sich und blinzelte ihn einige Sekunden lang an. »Küsst du alle Frauen sofort?« Ihre Stimme klang misstrauisch. Ihre Heiterkeit war dahin.

»Entschuldige. Das war unüberlegt.« Levi wandte sich ab.
»Geh ruhig. Ich kann es verstehen.«
»Warum sollte ich gehen? Was verstehst du?«
»Zu viel.«
Sie lachte. »Hier gibt es viele schräge Vögel, aber du toppst alle! Komm schon, Kopf hoch! Ich werde nicht einfach gehen, nur weil du meinem Liebreiz verfallen bist.« Sie hielt ihm erneut das Bier zum Anstoßen hin.
Sie tranken. Jeder nahm einen tiefen Schluck.
Sie schwieg einen Moment. »Ich heiße Karo, das kommt von Karoline.«
Er lächelte. »Levi.«
»Wir gehen zu mir. Und dann trinken wir nichts mehr, denn ich habe das Gefühl, du schläfst nur mit Frauen, wenn du total betrunken bist. Das ist nachteilig, weil du nicht mehr weißt, wie sich die Frau anfühlt. Und ich will, dass du fühlst. Du hast zu lange nichts mehr gefühlt.«
Levi starrte sie an. Sie zog ihn auf die Beine und führte ihn in ihre Wohnung.

**03.04.2012**

Sie lagen nebeneinander. Levi starrte zur Decke hinauf, ohne sie in der Finsternis zu sehen. »Ich habe gefühlt«, sagte er.
»Gut.« In ihrer Stimme lag ein Lächeln.
»Haben sie dich geschickt?«
Sie richtete sich in seinen Armen auf. Er wusste, dass sie ihn ansah. »Wer? Wovon redest du?«

»Nichts. Schon in Ordnung.«
Es folgte Stille, aber sie legte sich nicht zurück. Sie überlegte.
»Ich bin kein Mädchen für One-Night-Stands. Ich lasse mich nicht leichtfertig auf etwas ein, denn ich muss erst vertrauen können. Es ist schwer, mein Vertrauen zu gewinnen. Was ich heute gemacht habe, entsprang einer Intuition, und es ist eine große Ehre für dich, so abgedroschen sich das anhören mag. Also reiß dich zusammen und verletze mich nicht, Levi vom Brunnen.«
Er hob die Hand und strich ihr über die Wange. »In Ordnung.«
»Dann sag mir die Wahrheit. Was hast du damit gemeint? Wer soll mich geschickt haben?«
Ein verbittertes Grinsen schlich sich auf seine Lippen. »Du verlangst Vertrauen, ohne es selbst zu geben. Ich kann es dir nicht sagen. Wir kennen uns nicht.«
»Keine Spielchen?«
»Keine Spielchen.«
Sie küsste ihn. Ihre Haare legten sich um seinen Kopf und auf seine Brust. Er umfasste es mit beiden Händen und kämmte es nach hinten.
Noch immer kam keine Vision.

23.04.1996

»Komm endlich!« Ihm standen Tränen in den Augen. Er packte seine Mutter am Arm und zog mit aller Gewalt, so dass sie zusammen in Richtung Flur taumelten. »Bitte! Komm!«
Seine Mutter schlug mit der freien Hand nach ihm. »Lass mich los! Sofort!«
Levi konnte sehen, dass sie Angst hatte. Sie hatte immer Angst vor ihm. Eine unbestimmte Angst, vergraben unter ihren mütterlichen Gefühlen. Jetzt trat die Angst in den Vordergrund.
»Lass mich los!« Ihre Stimme überschlug sich. »Komm zur Besinnung, du irrer Rotzlöffel!«
Ihm blieb nichts anderes übrig, er hatte keine Wahl.
Der Fernseher lief noch immer, eine Nachrichtensprecherin erzählte irgendetwas über Explosionen und Feuer. Am Rande registrierte Levi Bilder von Flammen, die über die Mattscheibe flackerten.
Er schlug zu. Seine Faust traf ihr Kinn so hart, dass irgendein Knochen krachte. Es war ein Knochen in seiner eigenen Hand. Levi unterdrückte den Schmerz. Seine Mutter klappte vor ihm zusammen, er fing sie auf. Sie war zu schwer für ihn. Er ließ sie zu Boden sacken, hörte sie unverständliche Worte murmeln. Dann packte er ihre Arme und schleifte sie in Richtung Flur.

Als die Decke herunterbrach, hatte er sie gerade weit genug geschleift, damit sie nicht von den Trümmern erwischt wurden. Eine kalkige, weiße Staubwolke breitete sich in der Wohnung aus. Levi warf sich über seine Mutter und schützte ihren Kopf. Feine Splitter regneten auf sie herunter, irgendwo schrie jemand.
Levi wollte sich gerade aufrichten, als etwas nachrutschte. Er hörte ein Poltern, dann wurde es schwarz um ihn.


Der Mund war trocken. Seine Zunge war jetzt ein Mehlwurm, ungelenk und gepudert. Er konnte sich nicht bewegen, sein Kopf fühlte sich dumpf an.
»Da wird ja jemand wach«, sagte eine Stimme.
Levi blickte auf und sah eine alte Frau in einem weißen Kittel. Sie lächelte.
Ihm fiel wieder ein, was passiert war. Er hatte seine Mutter geschlagen. Er hob die Hand. Sie war geschient.
»Ein Bruch«, sagte die Krankenschwester. »Die Mittelhand.« Sie beugte sich über ihn. »Außerdem hat dich ein Trümmerstück am Kopf erwischt. Wir haben die Platzwunde genäht. Wird alles wieder.«
»Wasser«, krächzte er. Das Sprechen tat weh.
Sie zog ein mitleidiges Gesicht. »Du darfst noch nicht trinken. Du wirst über die Infusion versorgt. Wir können nicht ausschließen, dass es innere Verletzungen gibt, darum darfst du die nächsten vierundzwanzig Stunden nichts zu dir nehmen. Möchtest du den Mund wenigstens ausspülen? Das hilft etwas.«
Levi nickte.

Sie reichte ihm ein Glas und ein metallenes Behältnis. Er gurgelte und spuckte aus. Der Mehlwurm verwandelte sich wieder in eine Zunge. Das taube Gefühl blieb.

»Meine Mutter?«

Die Krankenschwester lächelte. »Ihr geht es gut. Eine Prellung am Kinn, das ist alles. Sie war die ganze Zeit hier bei dir, gerade ist sie zur Toilette gegangen. Sie wird bestimmt gleich wieder hier sein.« Die Schwester deutete auf einen Knopf. »Wenn du etwas brauchst, klingle. Du darfst noch nicht allein aufstehen wegen der Gehirnerschütterung. In Ordnung?«

Wieder nickte er. Er war entkräftet.

Als die Tür zu seinem Zimmer aufging, schreckte er aus einem seichten Schlaf auf. Seine Mutter trat an sein Bett. Ihr Kinn war geschwollen und blau. Sie sah ihn sehr ernst an.

Levi versuchte zu lächeln. Er war zu schwach, um die Hand nach ihr auszustrecken.

»Woher wusstest du, was passieren wird?« Ihre Stimme klang schroff.

Sein Lächeln schwand. Er zuckte mit den Schultern.

»Hast du wieder diese Bilder im Kopf?«

Er nickte, ohne sie anzusehen.

»Der alte Mann über uns ist samt der Couch in unsere Wohnung gekracht und gestorben. Wahrscheinlich hat sein schwaches Herz vor Schreck einfach den Geist aufgegeben.«

Levi antwortete nicht. Auch sie sagte nichts mehr. Er konnte hören, dass irgendwo im Zimmer ein Stuhl knarrte, aber sie blieb seinem Blick fern. Levi schlief wieder ein.

Levi erwachte, weil ihn jemand am Kopf berührte. Es standen drei Männer um sein Bett, einer von ihnen begutachtete die Platzwunde. Die Krankenschwester war ebenfalls da.
»Alles bestens«, sagte der Arzt und lächelte ihn an. »Wie fühlst du dich?«
Der Mehlwurm war zurück. »Müde und durstig.«
Der Arzt nickte. »Er darf essen. Die Wunden heilen gut. Hast du Schmerzen?«
Levi befragte seinen Körper. »Nein. Ich fühle mich nur schwindelig.«
»Wir führen dir Schmerzmittel über die Infusion zu, das kann daran liegen. Außerdem hast du eine Gehirnerschütterung, da ist man immer etwas schummrig im Kopf.«
Er wandte sich den anderen beiden Männern zu. »Wenn er die Nacht über stabil bleibt, entlasst ihn morgen. Er bekommt Abendessen. Noch kein Herumwandern allein.«
Alle nickten. Auch Levi.
Als die Männer weg waren, brachte ihm die Krankenschwester eine Kanne voll Wasser. Sie half Levi, sich ein wenig aufzurichten, und hielt ihm das Glas an den Mund. Er trank gierig. Der erste Schluck schmerzte in der trockenen Speiseröhre.
Ihm fiel auf, dass seine Mutter nicht mehr hier war. Levi erinnerte sich an ihr Gesicht. Sie hatte nicht sehr begeistert ausgesehen.

Er lehnte sich im Bett zurück und konnte die Tränen nicht aufhalten. Er war zu schwach, um dagegen anzukämpfen. Die Krankenschwester tätschelte seine Schulter, und bald schlief er wieder ein.

Levi träumte: *Er lag kerzengerade auf einer Tragbahre. Neben ihm stand jemand. Die Erscheinung strahlte Geborgenheit und Wärme aus. Hände fuhren in strukturierten Mustern über seinen Körper, erfüllten ihn mit Wohlbehagen.*

24.04.1996

Levi schlug die Augen auf. Sanftes Licht fiel durch das Fenster und erfüllte den Raum mit einem neuen Tag. Er fühlte sich gestärkt und gesund.
Vorsichtig richtete er sich im Bett auf, um die Infusionsnadel nicht aus dem Arm herauszureißen. Er griff nach dem Rollwagen, zog ihn zu sich, schenkte sich Wasser ein und trank. Anschließend klingelte er nach der Schwester. Es kam eine andere. Sie war jünger und sah müde aus.
»Ich will nach Hause«, sagte Levi. »Ich bin gesund.«
»Es ist noch nicht mal sechs Uhr. Jetzt kannst du nicht gehen. Leg dich wieder hin und schlaf noch ein bisschen.«
Sie drehte sich um und ging.
Levi blickte sich im Zimmer um. Er wollte nicht mehr bleiben, er war nicht müde. Sein Blick fiel auf die Infusionsnadel. Er fingerte das Pflaster herunter und

betrachtete die Nadel, die in seiner Vene verschwand. Vorsichtig zog er sie heraus. Er drückte mit dem Daumen einige Minuten auf den Einstich, bis dieser nicht mehr blutete.

Mit der linken Hand fing er an, den Verband von der geschienten Hand zu wickeln. Als er sie frei hatte, nahm er die Schiene ab und bewegte die Finger. Sie waren ein wenig taub und dick, aber nichts tat weh. Levi stand auf. Auf dem Stuhl, auf dem seine Mutter gesessen haben musste, lag frische Kleidung. Er schlüpfte in die Jeans und das Sweatshirt und ging zum Badezimmer hinüber. Nachdem er auf dem Klo gewesen war, betastete er die Platzwunde am Hinterkopf und sah sich dabei im Spiegel an. Er konnte geronnenes Blut im vom Kalk und Staub dreckigen Haar spüren, dazwischen den Faden. Er wusch sich das Gesicht.

Im Zimmer sah er sich noch einmal um. Es gab keine weiteren persönlichen Sachen. Levi nahm die Schiene und den Verband mit, schlich aus dem Zimmer und den Gang hinunter. Irgendwann kam er zu einer Treppenflucht. Er fand den Ausgang aus dem Krankenhaus, orientierte sich draußen und ging zu Fuß nach Hause.

**01.06.2012**

Phil hatte nur seinen Backpacker-Rucksack dabei, wie immer. Er kam mit dem Taxi. Levi sah vom Wohnzimmerfenster aus zu, wie sein Freund ausstieg und um das Haus herumging.

Philip Tanker, einunddreißig Jahre alt, ledig, Allgemeinmediziner, seit zwei Jahren angestellt bei einer karitativen Organisation, die Ärzte in Drittweltländer aussandte. Phil, aus einem stabilen Elternhaus, mit reibungslosem Lebenslauf und finanzieller Absicherung durch seine Eltern. Philie, wie ihn seine Mutter nannte, mit dem irren Freund Levi.

Er war braungebrannt und schäumte über vor Lebendigkeit und Freude. Sie umarmten sich und setzten sich ins Wohnzimmer.

»Eine Woche bleibe ich bei dir«, sagte Phil, »danach bin ich für eine weitere Woche bei meinen Eltern und dann geht's nach Bonn, zu meiner Schwester.«

Levi nickte. »Willst du ein Bier?«

»Ein Bier? Jetzt? Es ist erst siebzehn Uhr.« Er grinste.

Levi stand auf, ging in die Küche und holte zwei Flaschen. Sie stießen an und tranken.

»Die letzten zwei Monate habe ich keinen Alkohol angerührt. Du weißt, dass ich nicht süchtig bin. Es fällt mir nicht schwer, nicht zu trinken.«

Phil sah Levi lange an. »Du siehst nicht gut aus, Digger. Wie immer. Was macht die Kunst?«
»Welche meinst du?«
»Welche schon ... Wie läuft's mit den Drillingen?«
»Sie waren eine ganze Weile nicht mehr da. Seit ich nicht mehr getrunken habe, glaube ich.«
»Und davor?«
»Da kam dieses Mädchen. Ich habe nichts gesehen in ihr.«
»Keine Vision? Das gab's noch nie, oder?«
Levi schüttelte den Kopf.
»Sprich«, sagte Phil. »Was war mit ihr?«
Ein Lächeln schlich sich auf Levis Lippen. »Was wohl?«
»Du meinst, die Drillinge haben dich nur deshalb auf sie aufmerksam gemacht? Alter, du wirst dich nie ändern, oder?«
»Sie wollte es so. Wir haben kaum drei Worte gewechselt, da hat sie mich schon in ihr Bett gezerrt.«
»Ist sie hübsch?«
Er schüttelte den Kopf. »Sie ist nicht das, was ich bevorzuge. Sie ist ...« Ein Schulterzucken. »Ich muss oft an sie denken. Sie ist anders. Es war das erste Mal, dass ich nicht die Zukunft sehen musste.«
»Beängstigend, was?«
»Nein. Befreiend.«
»Bist du verschossen in sie?«
»Quatsch. Es war nur eine neue Erfahrung.«
Phil musterte ihn noch einen Moment, dann hob er das Bier, um wieder anzustoßen.
Er lud Levi zum Essen ein. Die meiste Zeit saßen sie schweigend da, und Levi merkte, wie sehr ihm diese

geteilte Stille gefehlt hatte. Sie bestellten sich nach dem Essen Bier.

»Und bei dir? Wie sind die Weiber da unten so?«

Phil sah ernst aus. »Es ist schwierig. Aids ist in Afrika ein ständiger Begleiter, für uns hier nicht nachvollziehbar. Die meisten wissen gar nicht, dass sie infiziert sind. Und die Zahl derer, die für eine Handvoll Münzen Frauen kaufen, ist unübersichtlich und genauso ungewiss wie hier, wenn nicht schlimmer. Afrika hat noch einen weiten Weg vor sich, und das schwierigste wird sein, die Vorurteile und unbewusste Herabsetzung der Schwarzen zu überwinden. Leute wie du und ich, die sich für aufgeklärt und auf keinen Fall rassistisch halten, erleben da unten ein Erwachen.« Phil suchte nach den richtigen Worten. »Wenn der Mensch nicht mit gewissen Dingen aufgewachsen ist, sind sie ihm einfach fremd. Das scheint mir die Grundlage für Rassismus zu sein, und irgendwie schlummert das in uns allen.«

*Phil hielt ein tiefschwarzes Mädchen im Arm. Er beugte sich über sie, küsste sie und strich ihr die Haare aus dem Gesicht. Das Mädchen war jünger, vielleicht fünfundzwanzig, und sie sah verliebt zu ihm auf.*

»Wie meinst du das?«, fragte Levi.

Phil schwieg. Er starrte Levi an.

Dieser sah auf den Tisch hinab und stieß einen leisen Fluch aus. »Ja, ich hab sie gesehen. Es tut mir leid.«

»Es muss dir nicht leidtun«, sagte Phil.

»Sie liebt dich.«

»Und ich liebe sie. Ich überlege, ob ich sie heiraten soll.«

»Bist du deshalb hier? Weil du hoffst, ich könnte sehen, was richtig ist?«

Phil erwiderte den Blick nur.

Levi nahm einen tiefen Schluck von seinem Bier, knallte das Glas auf den Tisch und stand auf. Mit schnellen Schritten verließ er das Restaurant, stellte sich in den Schatten auf der gegenüberliegenden Straßenseite und zündete sich eine Zigarette an. Phil kam kurz darauf nach. Nebeneinander gingen sie durch die Fußgängerzone. Sie steuerten die Kneipe an, in der sie während Phils Studium Stammgäste gewesen waren. Phil kaufte zwei Bier und sie setzten sich an einen Tisch in einem ruhigen Eck.

»Ich bin oft bei der Kirche«, sagte Levi schließlich. »Immer wieder zieht es mich hin zu diesen Statuen, die mich nur schweigend anstarren. Sie geben mir genauso wenig Antwort wie die Drillinge. Sie alle reden, aber sie reagieren nicht auf mich. Es ist, als würden sie mich sehen, aber nicht hören.«

»Bist du jetzt wirklich eingeschnappt, weil ich mir eine Antwort von dir erhoffe?«

Levi sah weg. »Ich brülle sie an, ich flüstere, ich schleudere ihnen meine Fragen in Gedanken entgegen, aber es kommt nichts zurück. Vielleicht bin ich nur taub. Vielleicht höre ich nur, was ich hören will oder stelle die falschen Fragen.«

»Oder du bist einfach ein sturer Volltrottel, der den Wald vor lauter Bäumen nicht sieht.«

»Du hast keine Ahnung!«, sagte Levi. Er stand auf, ging zur Bar und bestellte zwei Absinth. Einen gab er Phil. Sie stießen an und tranken.

»Vielleicht ja doch«, sagte Phil. »Vielleicht erkenne ich mehr als du, weil ich nicht damit leben muss. Manchmal sehen Leute, die nicht direkt in die Sache verwickelt sind, mehr als die Beteiligten.«

»Manchmal auch nicht.«

»Alter, du siehst Dinge, die erst geschehen. Dir erscheinen drei Kerle, die dir sagen, was zu tun ist. Und du siehst diese Schatten. Ich verstehe nicht, wie all das den verbitterten Typen aus dir machen konnte, der da vor mir sitzt. Ich verstehe es nicht.«

»Ich sehe Fragmente.« Levi trank vom Bier. »Von allem nur Fragmente. Wer die Drillinge sind, weiß ich nicht. Sie reden eine Menge Zeug, aber das nützt mir nichts.«

»Und trotzdem hat all das schon einigen Menschen das Leben gerettet. Dir, mir, deiner Mutter und vielen anderen.«

»Fragt sich nur, ob es Sinn macht.«

»Das Leben macht immer Sinn.«

»Sagt der leidenschaftliche Arzt.«

»Aus vollster Überzeugung.« Phil beugte sich vor. »Wen siehst du, wenn du mich ansiehst? Ich weiß es. Du siehst jemanden, der in deinen Augen nichts durchmachen muss. Jemanden, der seinen Vater kennt. Jemanden, der einen Job ausüben kann, der ihm gefällt. Jemanden, der *lebt*. Das trennt uns, Levi. Du gräbst einen Graben, der uns trennt. Irgendwann wird er so breit und tief sein, dass wir uns nicht mehr sehen können.«

Schweigen.

»Wenn du so weitermachst, dann hast du bald keinen mehr«, fuhr Phil fort. »Ich werde immer dein Freund sein, mein ganzes Leben lang wird dir meine Türe offen stehen. Es wird niemals etwas geben, das ich dir verweigern

würde. Das weißt du alles. Und jetzt erkläre mir, warum du trotzdem diesen Graben schaufelst.«
»Weil ich das Gefühl habe, alle profitieren von meiner Fähigkeit, nur ich nicht. Du kommst nach zwei Jahren aus Afrika und willst wieder nur, dass ich dir das Go zum Heiraten der Kleinen gebe. Das bin nicht ich, Phil. Du würdest alles für mich tun? Nein. Du würdest alles für das tun, was ich kann. Könnte ich es nicht, wer weiß, ob wir überhaupt Freunde wären.«
Phil sagte nichts.
Die Bedienung kam. Levi bestellte zwei weitere Absinth, Phil zwei Bier. Sie tranken den Absinth. Die Kneipe füllte sich allmählich, immer mehr Studenten trieb es von draußen herein.
»Vielleicht hätte ich nicht kommen sollen.«
Levi seufzte. »Wenn ich etwas sehe, sage ich es dir. Versprochen.«
»Danke.«
»Aber bitte bleib die Woche. Du bist der Einzige, mit dem ich darüber reden kann.«
Phil nickte. »Sag ich doch! Und jetzt rufst du die Kleine von letztens an, damit ich sie kennenlernen kann.«
»Warum?«
»Weil ich es will.«
Levi hatte sie nach dem dritten Klingeln am Handy. Sie redete los, noch ehe er hallo sagen konnte.
»Endlich! Ich dachte schon, du meldest dich gar nicht mehr. Ich habe dir ja gesagt, dass ich nicht anrufen werde, aber das war eine ganz schöne Bewährungsprobe für mich.« Sie lachte. »Wann können wir uns treffen?«

»Jetzt. Mein Freund will dich sehen.«
»Und du nicht?«
»Ich musste oft an dich denken.«
»Das ist schon mal ein Anfang. Wo seid ihr?«
Levi sagte es ihr. Zwanzig Minuten später war sie da. Sie trug wieder den bunten Hut.
»Und du bist der beste Freund«, sagte sie zu Phil. »Ich dachte schon, so ein Typ wie er hätte keine Freunde.«
»Hat er auch nicht.« Phil schlug gegen Levis Schulter.
»Er ist mein einziger Freund«, sagte Levi.
»Na, jetzt hast du noch einen.« Karoline holte sich ebenfalls ein Bier. Sie trug eine Jeans und ein schwarzes Oberteil. Phil blickte ihr nach.
»Die ist wirklich anders als die anderen«, sagte er.
»Ja. Ist sie.«
Karoline kehrte an den Tisch zurück. »Was habt ihr Jungs heute noch vor? Jetzt, nachdem Phil mich kennt?«
»Ich bin nur eine Woche hier«, sagte Phil. »Wahrscheinlich werden wir uns jeden Abend betrinken und tagsüber schlafen.«
»Da kann ich nicht mitmachen. Manche Leute gehen arbeiten. Woher kommst du?«
»Aus Afrika. Seit zwei Jahren arbeite ich dort als Arzt.«
»Ich bin die Empfangstipse eines Heilpraktikers. Wir öffnen morgen um neun Uhr, da muss ich fit sein.« Karoline sah Levi an. »Ich weiß noch gar nicht, was du machst.«
»Ich arbeite für Drillinge. Ihre Aufträge kommen unregelmäßig und ich muss nicht unbedingt nüchtern sein dafür.«
»Er spinnt, oder?«

Phil nickte. »Total.«
»Woher kennt ihr euch? Aus dem Sandkasten?«
»So ungefähr«, antwortete Phil. »Meine Eltern haben sich ein Haus hier in der Nähe gekauft, als ich zwölf war, und ich ging in der Stadt ins Gymnasium, und da setzte mich der Klassenleiter neben Levi. Anschließend schrieb er in den Schularbeiten von mir ab.«
»Außer in Ethik«, sagte Levi.
»Das stimmt. Da war ich nicht dabei, ich bin Katholik.«
Karoline sah Levi an. »Warum hast du dich jetzt erst gemeldet?«
Er erwiderte ihren Blick. Noch immer nichts. Er zuckte mit den Schultern. »Eigentlich melde ich mich kein zweites Mal.«
»So einer bist du also!«
»Man mag es kaum glauben, was?« Phil grinste. »Dass so ein Kerl so mühelos Weiber aufreißen kann ... Da war er mir immer voraus.«
Karoline sah zwischen den beiden hin und her. »Levi hat irgendwas. Ich weiß nicht, was es ist, aber er wirkt rätselhaft.«
»Das scheint bei euch Frauen zu funktionieren.«
»Wahrscheinlich, weil wir gern analysieren. Intuitiv, nicht mit dem Verstand. Er sieht auch ein bisschen leidend aus, da setzt vermutlich der Mutterinstinkt ein.«
»Du meinst, du hast Muttergefühle für Levi?«
»Naja, nicht so richtig. Jedenfalls ist er keiner von diesen normalen Dreißigjährigen, und das allein zieht mich schon an. Als ich ihn damals am Brunnen sitzen sah, da hat er so einen meditativen Eindruck gemacht, so in sich

gekehrt, einsam, besoffen, und trotzdem zufrieden. Die Mischung hat mich angezogen.«

»Du bist auch nicht wie die anderen, was?«

»Genauso wenig wie ihr.« Karoline hob den Krug und sie stießen an.

»Unnötig anzumerken, dass ich auch hier bin«, murmelte Levi.

»Bitte?«

»Ihr redet über mich, als wäre ich nicht da.«

»Bist du ja meistens auch nicht.« Phil zwinkerte.

24.04.1996

Als er zu Hause ankam, legte er sich in sein Bett und schlief. Zwei Stunden später weckte ihn seine Mutter.
»Wieso bist du daheim und nicht im Krankenhaus?«
»Ich bin gesund.«
Sie setzte sich an die Bettkante, nahm seinen Kopf in beide Hände und sah sich die Platzwunde an. Danach begutachtete sie seine Hand, tastete sie ab und bewegte die Finger. Ihr Blick war unergründlich.
»Wir wohnen solange bei Hilda. Das Haus muss renoviert werden, es ist nicht mehr sicher.«
Levi nickte.
»Steh auf und geh duschen. Ich packe deine Kleidung ein. Wir fahren noch einmal ins Krankenhaus.«
»Ich bin gesund«, wiederholte Levi.
»Das entscheiden die Ärzte.« Seine Mutter stand auf, kehrte ihm den Rücken zu und fing an, den Kleiderschrank auszuräumen.
»Es tut mir leid, dass ich dich geschlagen habe.«
Sie hielt inne, drehte sich aber nicht um. »Geh und wasch dich.«
Eine halbe Stunde später stiegen sie ins Auto und fuhren zurück ins Krankenhaus. Die ältere Krankenschwester war wieder da. Sie sagte, sie hätten Levi schon überall gesucht. Sie begleitete seine Mutter und ihn in einen

Wartebereich, und fast eine Stunde später kam jemand, der Levi für eine Röntgenaufnahme abholte. Als er zurück in den Wartebereich kam, unterhielt seine Mutter sich mit einem Arzt. Levi ging zu ihnen. Die beiden verstummten und betrachteten ihn.

»Kommen Sie nach den Untersuchungen in den dritten Stock«, sagte der Arzt schließlich. »Dann sehe ich mir Ihren Jungen mal an.« Er drehte sich um und verließ den Raum.

»Was will er ansehen?«

Seine Mutter führte ihn zurück zu den Stühlen, sie setzten sich. »Er wird dich ein paar Sachen fragen. Das ist alles.«

Sie wurden aufgerufen und folgten einer Schwester in einen Behandlungsraum. Einer der Ärzte, der Levi betreut hatte, wartete dort auf sie. Er gab seiner Mutter die Hand und bat sie, sich zu setzen.

»Der Mittelhandbruch ist verheilt«, sagte er. »Komm mal her, Levi.«

Levi stellte sich hin, der Arzt tastete seinen Kopf ab.

»Auch die Platzwunde ist geheilt. Ich entferne gleich die Fäden. Setz dich.« Der Arzt sah Levis Mutter an. »Das nenne ich eine Blitzheilung. Ich kann es mir nur so erklären, dass wir uns getäuscht haben und kein Mittelhandbruch vorgelegen hat. Vielleicht eine Verwechslung der Röntgenbilder.«

»Dann können wir gehen?«

»Ja. Ich nehme nur noch rasch die Fäden heraus.«

Anschließend fuhren sie mit dem Fahrstuhl in den dritten Stock. Seine Mutter meldete sie bei der dortigen Station am Empfang an, und wieder mussten sie warten. Levi hielt sich still, weil er wusste, dass seine Mutter nicht gut auf ihn zu sprechen war. Sie war sicher noch wütend, weil er sie geschlagen hatte.

Der Arzt aus dem Wartezimmer kam und holte sie ab. Wieder waren sie in einem Behandlungszimmer, dieses Mal aber saß Levi direkt vor dem Arzt, seine Mutter im Hintergrund. Der Arzt wirkte nett.

»Wie alt bist du, Junge?«
»Dreizehn.«
»Gefällt es dir in der Schule?«
»Geht so.«
»Hast du viele Freunde?«
»Einen. Phil. Die anderen kenne ich nur, wir spielen zusammen.«
»Und deine Noten? Wie sehen die aus?«
Levi zuckte mit den Schultern. »Einser und Zweier.«
Der Arzt sah zu seiner Mutter hinüber. Als er wieder Levi anschaute, lächelte er. »Deine Mutter hat mir erzählt, dass bei euch daheim ein Unglück passiert ist. Die Decke im Wohnzimmer ist eingestürzt.«
Levi nickte.
»Kannst du dich daran erinnern?«
»Ja.«
»Willst du mir erzählen, was passiert ist?«
»Nein.«
Der Arzt hielt einen Moment inne. »Warum nicht?«
»Weil es schon vorbei ist.«
»Fühlst du dich anders als vor dem Unglück?«
»Ja. Es sind ein paar Tage vergangen seitdem. Außerdem war ich das erste Mal im Krankenhaus.«

»Kannst du in Worte fassen, wie du dich fühlst?«
»Anders als vorher.«
»Fühlt es sich besser oder schlechter an?«
Levi zuckte erneut mit den Schultern. »Spielt das eine Rolle?«
Der Arzt beugte sich ein bisschen vor und lächelte wieder. »Schau, Levi, deine Mutter macht sich Sorgen um dich. Manchmal sind solche Ereignisse belastend. Wir wollen nur sichergehen, dass es dir gut geht.«
»Es geht mir gut.« Levi drehte sich auf dem Stuhl um und sah seine Mutter an. »Wirklich.«
»Levi«, sagte der Arzt und wartete, bis Levi sich wieder umwandte. »Deine Mutter hat mir auch erzählt, dass euer Nachbar bei diesem Unglück gestorben ist.«
»Ja. Er hatte ein schwaches Herz. Seine Zeit war gekommen.«
Wieder ein kurzes Innehalten des Arztes. »Wie meinst du das?«
»Er war alt. Ich konnte schon seit einigen Monaten riechen, dass er bald stirbt. Herr Gruber wusste es selber, er hat es mir gesagt.«
»Was hat er gesagt?«
»Er sagte jeden Tag, wenn ich ihn traf, dass es ein guter Tag wäre, um zu sterben.«
»War er freundlich zu dir, der Herr Gruber?«
»Er war zu niemandem freundlich. Er war grimmig, weil er wusste, dass er bald stirbt. Ich konnte es riechen.«
»Wie riecht jemand, der bald stirbt?«
»Alt. Wie der feuchte Keller von Phils Oma, in dem sie Obst und Gemüse aufhebt.«

Der Arzt lächelte nachsichtig. »Da war noch etwas, bevor das Unglück passiert ist. Willst du es mir erzählen?«
Levi wusste jetzt, worauf der Arzt hinauswollte. Er sah auf seine Hände im Schoß hinab und schüttelte den Kopf.
»Du hast deiner Mutter das Leben gerettet, nicht wahr?«
Levi zuckte mit den Schultern. Er fühlte seine Mutter im Rücken.
»Du hast sie geschlagen, weil sie nicht auf dich hören wollte. Und dann hast du sie aus dem Zimmer geschleift. Du bist ganz schön kräftig, was?«
»Es war nötig«, murmelte Levi.
»Ist dir unangenehm, darüber zu sprechen?«
»Ja.«
»Warum?«
»Weil ich meine Mutter nicht verletzen wollte. Ich wollte ihr helfen.«
»Das weiß deine Mutter.«
»Ja«, sagte seine Mutter. »Das weiß ich, Levi.«
»Deine Mutter möchte nur wissen, woher du wusstest, dass die Decke herunterkommt.«
»Ich habe es gesehen.«
Kurzes Schweigen.
»Hat sich der Putz schon gelöst? War es das, was du gesehen hast?«
Levi schüttelte den Kopf.
»Was tust du in deiner Freizeit gern, Levi?«
Überrascht über den Themenwechsel, sah Levi auf. Der Arzt hatte stahlgraue Augen.
*Er sah ihn über ein Waschbecken gebeugt. Neben ihm lag eine leere Pillendose. Der Arzt war weggetreten. Hinter*

*ihm auf dem Boden saß eine nackte Frau, die auch berauscht aussah. Sie grinste und kratzte mit ihren Fingernägeln über den Boden. Ihr Haar war nass.*

»Nehmen Sie die Tabletten nicht«, sagte Levi. »Die machen Sie krank. Und die schöne Frau auch. Sie wird zu viele nehmen und sterben, und Sie werden sich das nie verzeihen.«

Jetzt dauerte das Schweigen länger. Im Gesicht des Arztes stand Entsetzen. Levi hörte, wie sich seine Mutter bewegte.

»Das meine ich!«, sagte sie. »Plötzlich sagt er solche Sachen zu den Leuten!«

Der Arzt wandte sich ab. Er tippte etwas in seinen Computer und schaute auf den Monitor. »Da müssen wir etwas unternehmen. Ich gebe Ihnen eine Überweisung mit. Gehen Sie mit ihm zu einem Psychiater.«

»Was glauben Sie, was das ist?«

Der Arzt sah seine Mutter ernst an. »Ich will keine voreilige Diagnose stellen, aber ich will auch ehrlich sein. Es könnte etwas schlimmer sein als erwartet.«

»Inwiefern?«

Jetzt richteten sich die stahlgrauen Augen doch wieder auf Levi. »Warum hast du das zu mir gesagt, Junge?«

Levi schwieg.

»Sehen Sie, er will dazu nichts sagen. Man muss erst einmal eine Vertrauensbasis aufbauen, um herausfinden zu können, was in ihm vorgeht. Darum rate ich Ihnen, zu einem Psychiater zu gehen und dort eine Therapie zu beginnen. Im Laufe der Zeit wird sich zeigen, wie krank Ihr Sohn ist.«

»Ich bin gesund«, sagte Levi.
»Wie ist Ihre erste Einschätzung?«, fragte seine Mutter.
Der Arzt holte tief Luft. »Basierend auf dem, was Sie mir geschildert haben, und aufgrund seiner Behauptung, er sehe Dinge, die nicht da sind, tippe ich auf etwas in Richtung Schizophrenie. Machen Sie sich darauf gefasst. Aber er ist noch jung, und mit der entsprechenden Medikation und Therapie kann man das bestimmt in den Griff bekommen.«
Levi drehte sich auf dem Stuhl um. »Mama, ich bin nicht krank. Wirklich nicht. Alles, was ich sehe, ist da. Es passiert wirklich. Hör nicht auf diesen Arzt. Er nimmt Tabletten und hat Angst, weil ich es weiß.«
»Bist du jetzt still!«, sagte seine Mutter. Sie stand auf. »Entschuldigen Sie. Es tut mir leid, dass er so etwas sagt.«
Der Arzt erhob sich ebenfalls. Seine Wangen waren gerötet. »Sie müssen sich nicht entschuldigen. Aber ich muss Sie jetzt bitten zu gehen. Ich habe weitere Termine. Ich wünsche Ihnen alles Gute.« Ohne Levi anzusehen, verabschiedete er sie an der Tür.
Im Auto liefen ihm die Tränen über die Wangen. Immer wieder versuchte er, seiner Mutter begreiflich zu machen, dass er nicht krank war, doch seine Mutter verbat ihm den Mund. Sie sah selbst aus, als könnte sie jeden Moment zu weinen anfangen.
Sie fuhren zu Tante Hilda, und dort setzte ihn seine Mutter in ein kleines Zimmer, in dem er seine Kleidung in eine Kommode räumen sollte. Während Levi das tat, konnte er hören, wie seine Mutter schluchzte und Hilda tröstend auf sie einredete.

06.05.1996

»Was weißt du über deinen Vater?«, fragte die Psychiaterin bei ihrer dritten Sitzung. Sie saß steif in ihrem Stuhl.

Levi saß zurückgelehnt in seinem Stuhl ihr gegenüber. Er sagte nichts.

»Deine Mutter hat mir erzählt, dass du ihn nicht kennst und dass sie dir nichts von ihm erzählt hat. Das stelle ich mir traurig vor. Interessiert es dich nicht, wer er ist?«

»Mama sagt, dass er kurz vor meiner Geburt ging.«

»Bist du deshalb traurig?«

Er sah die Frau an. »Er hat Mama und mich bestimmt bald vergessen.«

»Das kann sein. Aber meine Frage ist, ob dich das traurig macht.«

»Wären Sie traurig?«

»Bestimmt.«

»Dann nehmen Sie doch Ihre Antwort. Sie werden eh zu meiner Mutter sagen, dass ich krank bin, ganz egal, was ich Ihnen sage.«

Sie lächelte. »Ich werde sagen, was ich für die Wahrheit halte. Wir alle wollen dir nur helfen, Levi.«

»Die Wahrheit ist für jeden anders. Sie kennen meine doch gar nicht. Wenn Sie mir helfen wollen, dann sagen Sie meiner Mutter, dass ich gesund bin, damit ich wieder nach Hause gehen kann.«

»So einfach ist das leider nicht.« Sie lächelte wieder. »Dass du diese Dinge siehst, von denen mir deine Mutter

erzählt hat, ist nicht schlimm. Wenn wir zusammen herausfinden, wie das genau bei dir ist, können wir dir helfen, damit es aufhört. Und dann bist du ein ganz normaler Junge wie alle anderen auch. Das möchten wir erreichen, Levi, und dafür brauche ich deine Hilfe.«
»Ich *bin* ein ganz normaler Junge.«
»Siehst du denn Dinge, die andere nicht sehen?«
»Ich weiß nicht, was andere sehen. Ich kann nicht die ganze Welt danach fragen.«
»Siehst du Sachen, die beispielsweise deine Mutter nicht sieht?«
»Meine Mutter sieht viel nicht. Sie hat nicht gesehen, dass mich der Mann, den sie zuletzt als Freund hatte, beim Schlafen und Duschen beobachtet hat. Sie hat es erst gesehen, als ich es ihr gesagt habe.«
»War das so?«
»Ja.«
»Hat er dir etwas getan, dieser Mann?«
»Nein. Ich habe ihm gesagt, dass ich es weiß, und dann ist er gegangen und nicht wiedergekommen.«
»Wie hat deine Mutter darauf reagiert?«
Levi senkte den Kopf und schwieg.
»Du kannst mit deiner Mutter nicht darüber sprechen, richtig? Erzähl mir, wie es war, als dir dieser Mann zugesehen hat.«
»Davon kann ich nicht erzählen. Ich habe ihn nicht gesehen, denn entweder schlief ich oder ich duschte.«
»Woher wusstest du dann, dass er dir zusieht?«
Levi erwiderte ihren Blick schweigend.
»Hast du ihn vielleicht doch einmal dabei erwischt?«

»Nein. Er war sehr vorsichtig.«

Die Psychiaterin wartete. Levi sah ihr in die graugrünen Augen.

*Sie lag im Bett, ein Tuch um den Kopf gewickelt. Ihre Haut war weiß und runzelig. Sie war sehr dünn. Obwohl sie bei Bewusstsein war, schien es, als schliefe sie mit offenen Augen. Ihre Lippen waren aufgesprungen.*

»Sie sollten Ihr Blut untersuchen lassen«, sagte er. »Sie haben eine Krankheit.«

Schweigen. Die Psychiaterin blinzelte mehrmals hinter ihrer Brille.

»Hast du das jetzt gerade gesehen?«

Levi nickte langsam. »Ihr Blut. Es ist Ihr Blut.«

Die Frau wurde bleich. Sie legte den Stift auf den Tisch, mit dem sie immer spielte, nahm die Brille ab und putzte die Gläser.

»Es ist kein Brustkrebs. Das stimmt nicht.«

Sie wurde noch bleicher. »Woher ...« Sie sah ihn ohne Brille lange an. »Erzähl mir, was dich veranlasst hat, das zu sagen.«

»Ich sage es, weil ich Ihnen helfen will. Man wird Sie operieren, aber das ist nicht nötig. Es ist falsch. Es ist das Blut.«

Ihr Mund verengte sich zu einem Strich. Sie setzte die Brille wieder auf. »Levi, ich verstehe, dass du nicht anders kannst. Du möchtest helfen. Aber es ist nicht richtig, einfach Dinge zu sagen, von denen man nichts weiß. Du verunsicherst die Leute. Du möchtest doch nicht, dass man das mit dir macht, oder? Dann mach es auch nicht mit den Leuten um dich herum.«

»Ich verunsichere Sie nicht, ich sage die Wahrheit. Gehen Sie und lassen Sie Ihr Blut untersuchen.«
»Was hast du gesehen? Wer hat dir das gesagt?«
»Niemand.«
»Was hast du gesehen?«
»Sie.«
»Jetzt gerade?«
»Ja.«
»Was habe ich getan?«
»Sie lagen in einem Bett, mit einem Tuch auf dem Kopf. Sie waren sehr krank. Man hat die Krankheit zu spät erkannt.«
»Levi, wir sind uns einig, dass wir gerade alle beide auf Stühlen in meiner Praxis sitzen, ja?«
Levi nickte.
»Liege ich in einem Bett?«
»Nein.«
»Trage ich ein Tuch auf dem Kopf?«
Er verneinte und sah in seinen Schoß.
»Levi«, ihre Stimme klang jetzt sanfter, »wie kommst du also darauf, ich läge in einem Bett?«
Er zuckte mit den Schultern. Schweigen folgte.
»Manchmal passieren Dinge in unseren Köpfen, in den Gehirnen, die wir nicht unter Kontrolle haben. Sie spielen uns etwas vor, das nicht wirklich passiert. Kannst du dir vorstellen, dass das bei dir so ist?«
Levi hob den Blick. »Nein. Was ich sehe, passiert. Manchmal dauert es länger, bis es passiert.«
Die Psychiaterin überlegte. »Spielst du gern?«
»Ja. Mit Lego.«

»Was zum Beispiel spielst du mit Lego?«
Levi dachte nach. »Gestern habe ich mit Phil, meinem Freund, eine Stadt aufgebaut. Da gab es fliegende Autos.«
»Das hört sich schön an. Ist die Stadt, die ihr gebaut habt, Wirklichkeit?«
»Vielleicht irgendwann.«
»Ist sie *jetzt* wirklich?«
»Nein.«
»Ihr habt also eure Phantasie benutzt, um etwas zu erfinden, das es nicht gibt. Das macht unser Gehirn. Manche Leute können nicht unterscheiden, was wirklich ist und was nicht, sie sehen den Unterschied zwischen Phantasie und Wirklichkeit nicht. Ich glaube, dass das bei dir auch manchmal vorkommt.«
»Ich kann das unterscheiden.«
»Aber du hast mich gerade in einem Bett gesehen.«
»Das ist etwas anderes.«
»Gibt es noch andere Dinge, die du siehst? Menschen vielleicht, die deine Mutter oder Phil nicht sehen?«
Wieder schwieg er.
Die Psychiaterin nickte und notierte etwas. »Sind es Menschen?«
»Nein.«
»Andere Wesen?«
»Nein.«
»Aber irgendetwas siehst du. Willst du mir davon erzählen?«
»Nein.«
»Macht dir das, was du siehst, Angst?«
Levi dachte an die Schatten. Sie kamen nachts, meistens nachts. Er nickte vorsichtig.

Die Frau lächelte. »Du erzählst mir davon, wenn du es für richtig hältst, okay? Eines kann ich dir aber sagen: Du musst dich davor nicht fürchten, was auch immer es ist. Es ist nicht wirklich. Es passiert nur in deinem Kopf. Glaubst du, es würde dir helfen, wenn ich mit deiner Mutter darüber spreche? Damit du das nächste Mal, wenn du dieses Etwas siehst, zu ihr gehen kannst und sie dir mit ihrer Gegenwart hilft?«

»Nein. Das hilft nicht.«

»Ich werde es deiner Mutter trotzdem sagen, und wenn du das nächste Mal doch den Wunsch verspürst, zu ihr zu gehen, dann mach es. Unsere Zeit ist jetzt leider schon um, Levi. Hast du noch etwas auf dem Herzen, ehe ich dich wieder deiner Mutter übergebe?«

»Muss ich wieder herkommen?«

Die Psychiaterin nickte. »Ja. Wir werden einige Zeit miteinander verbringen. Du wirst sehen, dass es dir hilft.«

»Muss ich weiter diese Tabletten nehmen?«

»Sie helfen dir auch. Sie werden machen, dass du diese Dinge nicht mehr sehen musst.«

Levi schüttelte den Kopf. »Seit ich sie nehme, bin ich anfälliger. Es wird schlimmer.«

Die Psychiaterin notierte wieder etwas. »So was musst du mir immer sofort sagen. Ich rede mit deiner Mutter, du bekommst andere Tabletten. Da muss man manchmal verschiedene probieren, bis man die richtigen gefunden hat.« Sie stand auf. »Warte hier. Ich gehe rasch zu deiner Mutter, und dann kannst du endlich nach Hause.«

Sie aßen zu Abend. Levi sah immer wieder von seinen Pfannkuchen auf und zu seiner Mutter hin, die nur in ihrem Essen stocherte. Soweit er sich erinnern konnte, war seine Mutter blass und traurig. Jetzt war es, als habe die Traurigkeit eine neue Tiefe erreicht.
Ihre Blicke begegneten sich.
»Nimm dir noch einen«, sagte Mutter und zeigte auf die Pfannkuchen, die auf einem Teller aufgetürmt lagen. »Hilda kommt erst spät heim, sie hat Nachtdienst. Wir werden morgen leise sein müssen, der Beruf der Altenpflegerin ist nämlich anstrengend. Sie muss ausschlafen können.«
Levi nickte. Er nahm sich keinen weiteren Pfannkuchen, er hatte keinen Hunger mehr.
»Wie findest du die Ärztin? Verstehst du dich mit ihr?«
»Ja. Sie ist nett. Aber ich will nicht noch mal zu ihr. Sie glaubt, ich bin verrückt.«
Seine Mutter sah ihn an. In ihren Augen sammelten sich Tränen. Levi griff unwillkürlich über den Tisch und legte seine Hand auf ihre. Seine Mutter lächelte, als er das tat.
»Du bist ein guter Junge«, sagte sie. »Zusammen stehen wir das durch, hörst du? Wir beide, wir werden das hinkriegen.«
Levi wollte sagen, dass es nichts gab, was sie durchstehen mussten, aber er hatte einen Kloß im Hals. Er wusste, sie würde ihm nicht zuhören. Sie wollte nicht hören, was er zu sagen hatte.
»Ich gehe Zähne putzen.« Er stand auf, lief ins Badezimmer, sperrte hinter sich ab und setzte sich auf den Teppich. Das Gesicht in den Händen vergraben, weinte er lautlos.

Als er einige Minuten später den Kopf hob, sah er die Drillinge zum ersten Mal. Sie standen Schulter an Schulter an Schulter hochaufragend vor ihm und schauten ihm in die Augen. Er konnte durch sie hindurchsehen, aber sie waren da. Und er hatte keine Angst, nicht wie bei den Schatten. Ihre Gegenwart war angenehm. Trotzdem konnte er sich nicht bewegen.

»SEIN HERZ ERSCHRECKE NICHT UND FÜRCHTE SICH NICHT«, sagten sie. Sie sprachen gleichzeitig, ihre Münder bewegten sich, aber es hörte sich wie eine einzelne Stimme an. »ICH BIN DER WEG, DIE WAHRHEIT UND DAS LEBEN.«

Levi starrte sie an.

»KEINE TABLETTEN NEHME ER ZU SICH. FREI IST DER GEIST IN SEINER NATÜRLICHKEIT.«

Während sie ihn weiterhin ansahen, verblassten sie. Übrig blieben nur das Badezimmer und das angenehme Gefühl. Levi wusste sofort, dass sie gut waren. Woher auch immer sie kamen, sie hatten bestätigt, was er gefühlt hatte: Die Tabletten, die ihm die Psychiaterin gab, durfte er nicht nehmen. Sie machten ihn anfällig. Sie zogen die Schatten an.

Er stand auf, putzte sich die Zähne, wusch sich das Gesicht und zog seinen Schlafanzug an. Als er in sein vorübergehendes Zimmer lief, in dem eine Matratze auf dem Boden sein Bett darstellte, formte sich in ihm der Plan: Er würde jeden Morgen die Tablette in den Mund schieben, mit Wasser nachspülen, die Tablette aber nicht schlucken. Er würde auf die Toilette gehen und dort das Ding hinunterspülen.

## 01.06.2012

»Ich hatte drei ernste Beziehungen«, sagte Karoline. »Eine dauerte zwei Jahre, eine vier und die andere acht Monate. Ich ging die Beziehungen mit einem flauen Gefühl im Magen ein, und darum scheiterten sie.«
»Wegen dem Magen?«
Karoline nickte. Sie schob jedem einen Schnaps hin.
»Wenn man Beziehungen aus unlauteren Motiven eingeht, scheitern sie.«
»Was waren deine Motive?«, fragte Levi.
Karoline sah ihn an. »Einsamkeit.«
»Das ist doch nicht weiter schlimm«, sagte Phil, hob seinen Schnaps und stieß mit ihnen an. »Die meisten führen Beziehungen, um nicht allein zu sein.«
Levi blickte in seinen Bierkrug, während er sprach. »Mit einer Beziehung überwindet man die Einsamkeit aber nicht. Man kann zusammen genauso einsam sein wie allein. Einsamkeit ist ein innerer Zustand, der mit dem äußeren nicht viel zu tun hat.«
»Manchmal, wenn er so redet, glaube ich, er ist mein Therapeut.« Karoline lachte.
»Ja, er ist ein Klugscheißer.«
»Wie ist es bei euch? Mit den Beziehungen, meine ich?«, fragte Karoline.
»Ich hatte nur eine ernsthafte«, antwortete Phil. »Sie

dauerte dreieinhalb Jahre und endete, weil ich nach Afrika ging. Es gab keine gemeinsame Zukunft für uns.«
»Fiel es dir schwer?«
»Ja und nein. Dass ich nach Afrika gehe, stand außer Frage. Für keinen hätte ich dieses Vorhaben aufgegeben. Aber ich mochte sie schon sehr, und es war anfangs ziemlich schwer, die Abende allein zu verbringen.«
»Das Gefühl kenne ich«, sagte Karoline. »Da ist die Einsamkeit sehr viel intensiver als vor der Beziehung. Habt ihr noch Kontakt?«
»Sporadisch. Wir schreiben uns E-Mails. Sie hat wieder einen Freund.«
»Und du? Eine Freundin in Afrika?«
Phil sah Levi an. »So was in der Art.«
»Und jetzt erzähl du.« Sie wandte sich Levi zu.
Er blickte ihr wieder in die Augen. Noch immer nichts. Er konnte stattdessen erkennen, dass sie schon ziemlich betrunken war. »Wolltest du nicht morgen fit sein?«
»Ja, ja. Nicht so wichtig. Lenk jetzt nicht ab. Erzähl mir von deinen Beziehungen.«
»Ich hatte eine. Sie war ein freundliches Mädchen mit großem Herz. Ich verließ sie nach fast einem Jahr.«
»Warum?«
Levi sah wieder in seinen Krug. »Wir waren nicht füreinander gemacht. Sie hatte andere Lebensziele als ich.«
»Sie lief ihm zwei Jahre lang nach«, sagte Phil. »Schrieb ihm Briefchen, tauchte immer wieder hier in der Kneipe auf und lockte ihn immer wieder in ihr Bett. Eine so lange Trennungszeit habe ich bei sonst keinem gesehen.«
»Phil«, sagte Levi mahnend.

»Was? War doch so.«
»Wenn ihr euch so mochtet, warum hast du es nicht noch mal mit ihr versucht?«
Levi sah immer noch Phil an. Der war so betrunken, dass er gegen ein leeres Schnapsglas stieß und es vom Tisch wischte. Es fiel ihm nicht auf.
»Levi hat da so eine Gabe«, sagte Phil. »Er wusste einfach, dass sie nicht seine Frau war. Nicht wahr, Levi?«
»Phil, halt die Klappe!«
»Welche Gabe?«, hakte Karoline nach.
»Weißt du, darum bin ich Arzt geworden und nach Afrika gegangen. Levi hat mir gesagt, dass das mein Weg ist. Er ist der verdammt besteste Freund, den man sich vorstellen kann. Er weiß immer, was gut für einen ist.«
Karoline blickte zwischen den beiden hin und her.
»Er ist betrunken«, sagte Levi.
»Alle haben immer gesagt, er ist verrückt, weil er Sachen sieht, aber ich hab immer zu ihm gehalten. Zu viele Dinge sind einfach wahr geworden. Außerdem kann ich mich nur in seiner Nähe besaufen, weil er diese Schatten fernhält. Ist Levi nicht da, fühle ich mich am nächsten Tag wie ausgekotzt. Der Kater bleibt, aber die ausnüchternde Depri kommt nicht.«
Levi starrte weiterhin Phil an.
»Was kannst du sehen, Levi?«, fragte Karoline.
Er sah zu ihr hin. Ihre Frage war ernst gemeint. »Er redet Unsinn.«
»Ich weiß, du vertraust mir nicht. Noch nicht. Ich finde es schon raus.«
Phil kicherte. »Er hat es ja nicht mal seiner Ex erzählt!

Seit sie ihn ins Irrenhaus gesteckt haben, erzählt er es nicht mehr. Nur mit mir redet er darüber.«
Levi sprang vom Stuhl auf. Er ging hinaus, machte ein paar Schritte von der Kneipe weg und zündete sich eine Zigarette an.
Die Innenstadt war voll mit jungen Leuten. Sie liefen lachend an ihm vorbei, ein paar Jugendliche prügelten sich in einer der engen Gassen. Es war eine freundschaftliche Prügelei mit sachten Hieben, aber Levi sah die Schatten. Sie waren umzingelt. Zu viel unterdrückte Aggression lag in ihrer Spielerei. Er hob die Hand und verscheuchte die Schatten. Er wusste, dass sie wiederkommen würden, wenn er zurück in die Kneipe ging.
Levi holte sein Handy aus der Hosentasche. Er hatte fünf Anrufe in Abwesenheit, klickte sie weg und rief seine Mutter zurück. Sie hob nach dem sechsten Klingeln ab und weinte in den Hörer.
»Es geht ihr jetzt besser«, sagte Levi.
»Du weißt, dass sie gestorben ist?«
»Ja. Vor ungefähr zwei Stunden.«
»Woher?«
Levi schwieg.
»Sie war alles, was ich noch hatte.« Seine Mutter schluchzte unkontrolliert.
»Du hast mich noch. Und dir gehört jetzt Hildas Haus. Du hast einen Ruhesitz für das Alter. Du weißt, dass das immer das war, was Hilda für dich wollte.«
»Sie war so eine gute Schwester.«
»Ja. Das war sie.«
»Kannst du herkommen?«

»Nicht mehr heute Nacht. Phil ist aus Afrika hier. Ich komme, sobald er abgereist ist.«
»Wann wird das sein?«
»Ende nächster Woche.«
»Ich muss mich um so viel kümmern jetzt.«
»Du würdest dir von mir ohnehin nicht helfen lassen.«
»Du kommst doch auf die Beerdigung?«
»Die wird erst nächste Woche sein. Sie ist meistens die Woche darauf.«
Kurzes Schweigen.
»Trinkst du wieder, Kind?«
»Nein. Aber du solltest dir ein Glas Wein einschenken und ein wenig schlafen.«
»Kann ich dich anrufen?«
»Du kannst mich immer anrufen.«
»Danke, Kind. Wir stehen das gemeinsam durch, ja?«
»Wie immer.«
Er legte auf und trat die Zigarette aus. Als er zurück zu seinem Platz kam, waren Phil und Karoline in ein Gespräch vertieft, das anscheinend zum Lachen einlud. Levi ging zur Theke und holte noch eine Runde Bier und Schnaps.
»Du warst wirklich in der Geschlossenen?«, fragte Karoline und kippte den Schnaps hinunter. Sie verzog das Gesicht. Der Hut saß mittlerweile schief.
»Ich kenne einen Witz«, sagte Phil. »Ein Mann stirbt und wird von Petrus abgeholt. Sie kommen an einem Loch in der Wand vorbei, der Mann sieht hinein. In dem Raum, in den er sehen kann, wütet ein unglaubliches Feuer, in dem Menschen sitzen und qualvoll kreischen. Der Mann

fragt Petrus, was die dort machen und warum sie in diesem Raum sind. Petrus antwortet: ›Ach, das sind die Katholiken. Die wollen es so.‹«
Phil lachte. Als er sah, dass auch Karoline aus vollem Hals lachte, wurde er noch lauter.
»Ich melde mich morgen krank«, sagte Karoline schließlich.
»Sehr gut! Wir können bei Levi weiterfeiern, wenn die Kneipe schließt.«
Sie gingen vor der Sperrstunde und fuhren mit dem Taxi. An einer Tankstelle hielten sie und holten sich weiteren Proviant, um nicht auf dem Trockenen zu sitzen. Bei Levi daheim drehten sie die Anlage auf und tranken weiter. Phil und Karoline verstanden sich gut. Levi saß die meiste Zeit still neben ihnen, wechselte von Alkohol zu Wasser, hörte den Gesprächen zu und lächelte hin und wieder. Als die beiden in trunkenen Schlaf fielen, stand Levi auf und holte Decken. Er breitete eine über Phil, der im Sessel im Sitzen eingeschlafen war, und die andere über Karoline, die auf dem Sofa lag. Anschließend stand er noch einige Minuten im Zimmer und sah auf Karoline hinab, bevor er ins Bett ging.

## 02.06.2012

»Hilda ist gestern Nacht gestorben«, sagte Levi beim Frühstück um zwei Uhr nachmittags.
Phil und Karoline hoben überrascht die Köpfe.
»Wer ist Hilda?«, fragte Karoline.

»Seine Tante«, sagte Phil. »Das tut mir sehr leid. Geht es dir gut?«

Levi nickte. »Ich werde zu meiner Mutter fahren, sobald du abgereist bist.«

»Sollen wir das Ganze verschieben? Ich kann heute zu meinen Eltern, danach zu meiner Schwester und anschließend noch mal zu dir kommen.«

Levi überlegte. »Vielleicht wäre das nicht verkehrt.«

»Bestimmt. Deine Mutter ist ja ganz allein, oder?«

»Ja. Sie hat kaum Freunde. Aber ich will, dass du dann wirklich noch mal kommst. Sonst sehen wir uns wieder jahrelang nicht.«

»Das ist doch Ehrensache.«

Karoline schob sich eine Weintraube in den Mund. »Wo wohnt deine Mutter?«

»Im Haus ihrer Schwester, sechzig Kilometer von hier. Das Haus gehört jetzt ihr.«

»Ich komme mit.«

Levi sah sie verwundert an. »Du kommst mit?«

»Klar. Du brauchst jetzt einen Freund. Und deiner Mutter wird es auch nicht schaden, wenn ich dabei bin. In solchen Momenten ist Zerstreuung immer gut, und ich kann mich um Dinge kümmern, für die deine Mutter jetzt keinen Kopf hat. Den Haushalt und so.«

»Dein Job?«

Sie winkte ab. »Ich muss mich eh noch melden. Dann sage ich, meine Tante ist gestorben gestern Nacht und ich bin so voller Trauer, dass ich wohl einige Tage nicht werde arbeiten können. Der Kerl ist Heilpraktiker, er versteht so was.«

Levi überlegte. »Nein.«
»Einfach nur nein?«
»Er gibt nie lange Erklärungen ab«, sagte Phil kauend.
»Wir kennen uns kaum. Du wirst nicht für mich lügen. Und ich bringe keine Fremden in das Haus meiner Mutter.«
Karoline seufzte. »Als hättest du eine Wahl! Ich komme mit, und damit ist die Diskussion beendet.« Sie sah Phil an. »Ist er immer so misstrauisch?«
Phil grinste. »Er ist es nicht gewohnt, dass Menschen uneigennützig etwas für ihn tun. Er hat ihnen nie erlaubt, so zu sein.«
»Das ist nicht uneigennützig«, sagte Levi.
»Natürlich nicht. Sie macht sich an dich ran.« Phil lachte.
»Manchmal muss man Dinge einfach zulassen.« Karoline griff unter dem Tisch nach Levis Hand, so dass es Phil nicht sehen konnte. »Sagen wir einfach, ich kann auch Dinge sehen, nämlich die offensichtlichen, und jetzt sehe ich einen Freund, der meine Hilfe braucht.«
Levi schüttelte ihre Hand ab und stand auf. Er holte sein Handy aus der Hose, die er gestern getragen hatte und die im Badezimmer auf dem Boden lag, und rief seine Mutter an. Er sagte, er werde noch heute mit dem Zug kommen und ihr von unterwegs noch einmal sagen, wann genau er ankomme, damit sie ihn vom Bahnhof abholen konnte. Danach begann er zu packen. Er konnte Karoline und Phil leise reden hören.


Sie nahmen den Schnellzug am späten Nachmittag. Karoline trug wieder ihren bunten Hut. Ihr Koffer war riesig und schwer. Phil war bereits vorher mit einem Mietauto davongefahren.

Sie saßen nebeneinander in der zweiten Klasse und schwiegen. Die Landschaft draußen flog regelrecht vorbei und hinterließ das Gefühl, in einem Tunnel zu reisen. Karoline trank sehr viel Wasser, die vierte Flasche inzwischen, um den Kater loszuwerden.

Levi versuchte sich vorzustellen, wie seine Mutter auf sie reagieren würde, aber er verwarf den Gedanken. Er wusste nicht, welche Art von Frau sich seine Mutter für ihn wünschte. Sie hatten nie darüber gesprochen.

Ein Junge Anfang zwanzig ging vorbei. Levi sah hin, weil er den Tod an ihm roch. Aber er konnte keinen körperlichen Grund dafür sehen. Unwillkürlich griff er nach dem Arm des Jungen und zwang ihn damit, ihm in die Augen zu sehen.

»Geh auf keine Brücken, wenn du betrunken bist«, sagte Levi zu ihm. Im gleichen Moment wusste er, dass es sinnlos war.

Der Junge riss sich los und wich zurück. »Halt die Klappe!« Er verschwand im nächsten Waggon.

Karoline starrte ihn an. Alle Gäste im Abteil starrten ihn an. Levi sah in seinen Schoß hinunter und seufzte.

»Ist es das, was du siehst?«, fragte Karoline. Sie flüsterte nur. »Den Tod der Leute? Wird der Bengel sterben?«

Levi zuckte mit den Schultern. Er griff in seinen Rucksack, holte seinen MP3-Player heraus und wandte sich von ihr ab.

Phil rief an.

»Wo seid ihr jetzt?«

»Etwa fünfzehn Minuten noch, dann sind wir da.«

»Ich bin bei meinen Eltern vor einer halben Stunde angekommen. Alles super hier, wenn sie auch nicht vorbereitet waren auf mich. Mama hat mir noch keinen Kuchen gebacken.« Phil lachte. »Wie geht's Karo?«

Levi sah sie an. »Gut.«

»Sie ist super, auch wenn sie sich komisch anzieht. Halt sie dir warm, vermassle es nicht.«

Im Hintergrund hörte man Phils Mutter. Sie sagte, so spreche man nicht über Frauen. »Ja, ja«, sagte Phil. »Es ist gut, dass sie mitgekommen ist, Levi.«

»Vielleicht.«

»Sie mag dich, obwohl du bist, wie du bist. Übrigens wollte ich mich für gestern entschuldigen. Ich hätte ihr das nicht alles erzählen dürfen.«

Levi schwieg.

»Nimmst du mir das sehr übel, Mann?«

»Nein.«

»Ich habe es wirklich nur gut gemeint. Ich hatte einfach das Gefühl, dass man es ihr sagen kann.«

»Und du warst sauer, weil ich davor im Restaurant so genervt war.«

»Das auch. Aber du musst ehrlich zu ihr sein, Levi. Wenn dir was an ihr liegt, dann sei ehrlich. Sie kann damit umgehen.«

Levi legte auf. Nachdem er das Handy in der Tasche verstaut hatte, griff Karoline nach seiner Hand, verschränkte die Finger mit seinen. Sie legte ihren

Kopf an seine Schulter und blieb so sitzen, bis sie ankamen.

Seine Mutter wartete in der leeren Bahnhofshalle. Sie wirkte wie eine Trauerweide auf ebener Fläche. Sie fiel ihm in die Arme und begann zu weinen. Ihr schlanker Körper zitterte an seinem. Drei Minuten später trennten sie sich voneinander.
»Ich bin froh, dass du heute noch gekommen bist.«
»Das ist Karoline«, sagte Levi und griff nach hinten, zog Karoline zu sich. »Karoline, das ist meine Mutter.«
Man sah die Verblüffung im Gesicht seiner Mutter. Sie versuchte nicht, sie zu verhehlen. Außerdem konnte Levi erkennen, dass die Verblüffung sehr schnell einem undefinierten Groll wich. Sie presste die Lippen aufeinander und schüttelte Karolines Hand.
»Deine Freundin?«, fragte seine Mutter.
»Ja«, antwortete Levi, ohne darüber nachzudenken. »Sie ist mitgekommen, um uns beizustehen. Sie möchte dir im Haushalt aushelfen, damit du Zeit für die Trauer hast.«
»Sehr freundlich. Ich habe hier draußen geparkt.« Seine Mutter drehte sich um und ging vor ihnen hinaus.
Karoline und Levi warfen sich einen Blick zu. Levi nahm ihren Koffer, und zusammen folgten sie seiner Mutter.
Zwanzig stille Minuten später erreichten sie das Haus. Levi trug ihre Koffer hinein.
»Levi, du wirst dein altes Zimmer deiner Freundin überlassen. Du wirst im Wohnzimmer schlafen. Unter meinem Dach gibt es keine geteilten Betten.« Seine Mutter drehte

sich um und ging Richtung Küche. »Zeig ihr alles. Ich richte das Abendessen an. Wascht euch und kommt dann runter.«
Sie stiegen die Treppen hinauf, Karoline voran. Levi trug ihren Koffer in sein altes Kinderzimmer, in dem alles unverändert war. Während sich Karoline auf das Bett fallen ließ, stellte er den Koffer vor dem Fenster ab.
»Die Kommode ist leer«, sagte er. »Du kannst deine Sachen dort hineintun.«
Karoline nickte. »Deine Mutter mag mich nicht.«
»Sie kennt dich nicht. Sie ist nicht gewohnt, dass ich außer Phil Freunde habe. Ich habe ihr noch nie eine Freundin präsentiert.«
Sie kicherte. »Absurd! Wir kennen uns erst seit drei Monaten, und in dieser Zeit haben wir uns nur zweimal getroffen.«
»Ich sagte doch, dass es eine dumme Idee ist.«
»Ach was. Das bekommen wir schon hin. Ich würde nur gerne bei dir schlafen.«
Er schüttelte den Kopf. »Nein. Wir müssen tun, was sie sagt. Sie braucht Zeit, um sich an all die Veränderungen gewöhnen zu können.«
»Ich weiß.«
»Komm mit, ich zeige dir das Badezimmer.«
Sie folgte ihm den Flur entlang. Nacheinander wuschen sie sich die Hände. Levi spürte, dass sie ihn über den Spiegel betrachtete.
Seine Mutter hatte den Tisch gedeckt. Es gab Kartoffelauflauf. Sie wartete, bis sich ihre Gäste gesetzt hatten,

dann füllte sie deren Teller. Beklemmtes Schweigen folgte, während sie aßen.

»Das schmeckt sehr gut«, sagte Karoline irgendwann.

»Ich hoffe, es reicht. Levi hat mir nicht gesagt, dass er Sie mitbringt, sonst hätte ich mehr gemacht.«

»Nennen Sie mich doch bitte Karoline.«

Seine Mutter nickte.

»Meine Mutter heißt Theresa«, sagte Levi.

»Ihr Verlust tut mir sehr leid, Theresa. Ich kann in etwa nachvollziehen, wie Sie sich fühlen. Ich habe vor zwei Jahren meine Mutter verloren.«

Levis Mutter hielt den Kopf gesenkt und stocherte im Essen herum. Solange er sich erinnern konnte, hatte sie nur immer im Essen herumgestochert. Er sah, dass Tränen auf ihren Schoß tropften.

»Wir müssen Montag zum Bestattungsunternehmen«, sagte sie. »Ich weiß nicht, was wir dort alles machen müssen. Bestimmt den Sarg aussuchen.«

»Das auch, ja«, erklärte Karoline. »Im Grunde erledigt alles das Bestattungsunternehmen, von der Zeitungsanzeige bis hin zur Organisation der Beerdigung.«

Seine Mutter sah Karoline an. »Sie ... Du kennst dich damit aus?«

»Wie gesagt, ich habe meine Mutter verloren. Ich stehe Ihnen gern zur Seite.«

Sie schwiegen wieder. Levi nahm sich noch Kartoffelauflauf und schaufelte auch Karoline einen weiteren Löffel auf den Teller.

»Ich möchte jetzt gern schlafen«, sagte seine Mutter.

»Mach das. Karoline und ich räumen die Küche auf.«

»Danke.« Seine Mutter stand auf und verschwand nach oben.

Sie aßen fertig und räumten den Tisch ab. Levi erwischte sich immer wieder dabei, wie er Karoline ansah. Wenn sich ihre Blicke begegneten, lächelten sie sich an. Zusammen räumten sie die Spülmaschine ein.

Levi beugte sich gerade nach unten, um die Reste aus dem Teller seiner Mutter in den Müll zu geben, als ihn Karoline von hinten umarmte. Ihre Hände fuhren unter sein Sweatshirt und strichen über nackte Haut.

Er richtete sich auf, stellte den Teller ab und drehte sich um. »Nicht hier. Sie hat Ohren wie ein Luchs.«

»Hat sie?«

»Wenn sie auf etwas lauert, dann ja.«

»Lass uns spazieren gehen. Es ist noch früh, ich will nicht schlafen. Ich habe beim Herfahren gesehen, dass es einen Wald gibt.«

Levi sah ihr in die Augen. Noch immer kam nichts. Er nickte und packte den Teller in die Spülmaschine. Nachdem er die Maschine angestellt hatte, zogen sie ihre Jacken und Schuhe an und gingen hinaus. Er führte sie die Straße hinunter und in Richtung Wald. Sie griff nach seiner Hand und machte wippende kleine Schritte an seiner Seite.

»Hier bist du aufgewachsen?«

»Nein. Na ja, irgendwie doch. Wir wohnten zuvor in der Stadt, doch unsere Wohnung musste aus Sicherheitsgründen geräumt werden. Daraufhin zogen wir zu Hilda und blieben dort. Ich war dreizehn.«

»Wann haben sie dich eingewiesen?«

Levi spürte ihren Blick.
»Phil hat mir gesagt, dass du mir nicht antworten wirst. Du antwortest nur auf für dich banale Dinge, wichtige schweigst du zu Tode. Er sagte, ich soll hartnäckig bleiben, weil du einen Freund brauchst, der öfter bei dir ist als alle zwei Jahre.« Sie drückte seine Hand. »Rede mit mir, Levi vom Brunnen.«
»Ich rede generell nicht viel.«
»Phil sagt, das sei früher anders gewesen.«
Levi sah sie an. »Wann hattet ihr denn die Zeit, so viel über mich zu sprechen?«
»Immer, wenn du nicht da warst.« Sie grinste.
Sie kamen zum Schotterweg, der in den Wald führte. Als sie zwischen den Bäumen eintauchten, empfing sie kühler Duft nach Laub und Erde. Das Blätterdach über ihnen war der einziehenden Dämmerung einen Schritt voraus.
»Hier war ich ständig«, sagte Levi. »Wenn ich frei hatte, war ich immer hier im Wald. Die Einsamkeit ist im Wald erträglicher, weil man das Gefühl hat, eins mit der Stille zu werden. Und wenn man sich auf die vielen Kleinigkeiten konzentriert, auf die winzigen Lebewesen, die hier überall sind, erscheint einem die Welt nicht mehr so groß und kompliziert.«
»Hier hast du keine Visionen, nicht wahr?«
Levi sah sie an. »Beinahe. Hier sehe ich meistens nur das, was alle sehen.«
»Sie haben dir eingeredet, du wärst schizophren.«
»Ich saß oft stundenlang hier im Wald und habe die Insekten, die ich fand, gezeichnet. Meine Zeichnungen nahm ich mit in den Biologieunterricht, und so manches

Mal konnte mir mein Lehrer nicht sagen, wie das Insekt heißt. Er hat die Bilder kopiert und irgendwo eingeschickt, und ich weiß, dass man einen Käfer, den ich fand, nach ihm benannt hat. Er hat behauptet, er hätte das Tier entdeckt.«
Karoline schwieg.
»Nur weil man etwas sieht, das andere noch nicht katalogisiert haben, heißt das nicht, dass es das nicht gibt.«
»Was genau siehst du denn?«
Sie kamen an eine Weggabelung. Levi deutete nach rechts.
»Hier geht es ebenerdig weiter. Links hinauf gelangen wir auf einen Felsen, auf dem ich oft saß. Wohin möchtest du gehen?«
»Dorthin, wo deine Vergangenheit liegt.«
Sie gingen nach links. Der Geruch nach Erde wurde stärker. Es fing an zu tröpfeln, aber der Regen war nur ein leises Geräusch auf dem Blätterdach. Kaum ein Tropfen gelangte zu ihnen durch.
»Bist du nicht traurig, dass deine Tante tot ist?«
»Ich wusste, dass sie stirbt.«
»Also siehst du den Tod der Menschen vorher?«
»Manchmal. Irgendwann muss jeder sterben.«
»Aber du wusstest, wann genau sie stirbt.«
»Ja. Ich habe mit ihr telefoniert, als sie Geburtstag hatte, und da habe ich es gesehen. Eine Ader im Hirn. Sie war schon geplatzt, als wir telefonierten. Ich hätte nichts mehr tun können. Der Tod kam schnell. Sie hatte vorher nur leichte Kopfschmerzen, die sie kaum bemerkt hat.«
»Keiner außer Phil glaubt dir, dass du diese Dinge wirklich wahrnimmst? Das muss doch beweisbar sein.«

Levi antwortete nicht. Er sah die Bäume im Zwielicht schillern. Eine weißliche Korona umgab die Stämme, manchmal breitete sie sich etwas aus, manchmal waberte sie in das Stammesinnere.
»Warum interessiere ich dich so?«, fragte Levi.
»Ich habe manchmal Ahnungen. Ich weiß, wann ich besser daheimbleibe, was ich wann esse und welche Menschen mir im Moment guttun. Alles ist nur immer eine vage Witterung, wie ein schwacher Duft im starken Wind, aber ich habe im Lauf der Zeit gelernt, darauf zu hören. Darum glaube ich dir.«
»Wie sehen diese Ahnungen aus?«
»Dürftig. Ich habe das Gefühl, bei dir ist alles klarer. Ich muss genau in mich hineinlauschen, um ihr Flüstern zu hören. Manchmal täusche ich mich und halte die Stimme meines Verstandes für diese Ahnungen. Aber ganz laut rief eine Ahnung, als ich dich am Brunnen sitzen sah.«
»Was sagte sie?«
»Sie sagte, ich solle zu dir gehen. Du hast mich angezogen wie ein Magnet.«
Levi lächelte. »Ich wusste, dass wir uns treffen.«
»Wirklich?«
»Ja. Die Drillinge haben es mir gesagt. Am gleichen Tag.«
»Wer sind die Drillinge?«
Der Felsen tauchte vor ihnen auf. Er lag erhöht inmitten des Waldes, und Levi wusste, dass er früher ein Opferaltar gewesen war. Der Stein war alt und sprach von den Zeiten, die ihre Kerben in ihn gegraben hatten. Er hatte den Staub des Urknalls geatmet.

Levi führte sie hinauf, zog seine Jacke aus und breitete sie aus. Sie setzten sich dicht nebeneinander, er legte ihr den Arm um die Schultern und zog sie an seine Seite. Ihr bunter Hut roch nach Räucherstäbchen.

»Wir müssen bald zurück«, sagte Levi. »Meine Mutter schläft nur immer zwei, drei Stunden am Stück, und wenn sie aufwacht, wird sie weinen. Dann muss ich an ihrer Seite sein. Deshalb bin ich hergereist.«

Er zog eine Schachtel Zigaretten aus der Tasche, bot eine Karoline an. Sie rauchten und lauschten dem Regen auf dem Blätterdach.

»Es ist schön hier«, sagte Karoline.

»Hier habe ich den Käfer gesehen, den mein Lehrer eingeschickt hat.«

»Muss man nicht ein totes Exemplar einschicken, um ihn katalogisieren zu können? Da reicht doch keine Zeichnung, oder?«

Levi nickte. »Es reicht keine Zeichnung. Mein Lehrer kam her und fand selbst einen.«

»Kannst du zeichnen, was du siehst?«

Er blickte in das Dämmerlicht des Waldes hinaus. »Es wurde schon gezeichnet. Es benötigt keine talentlose Kritzelei meinerseits.«

»Kenne ich ein solches Bild?«

»Bestimmt.«

Sie sahen sich an und küssten sich. Levi nahm ihr die Zigarette ab, warf sie weg, schob eine Hand unter ihre Jacke. Sie trug keinen Büstenhalter.

»Hast du meinen Tod schon gesehen?« Sie flüsterte in sein Ohr.

Er sah ihr in die Augen. Nichts. Er schüttelte den Kopf und küsste sie wieder.

»Du bist mir lieber, wenn du nüchtern bist. Wenn du trinkst, bist du grob.«

»Das ist der Grund, warum ich trinke.«

»Um grob zu werden?«

»Um die Wahrnehmung grober werden zu lassen.«

»Damit du nicht mehr diese Sachen sehen musst?«

»Ich sehe sie trotzdem. Aber es berührt mich nicht mehr.«

Sie lächelte. Nur ein Mundwinkel wanderte dabei nach oben. Wenn sie an der Zigarette zog, schob sie fast den ganzen Filter in den Mund.

»Müssen wir nicht schon zurück?«

Levi zog sein Handy heraus und sah nach. »Ja, wir sollten gehen.«

13.05.1996

Die Psychiaterin bat auch seine Mutter mit herein. Sie wies ihnen Stühle zu, blieb aber selbst stehen. Levi fiel auf, dass sie ihn nicht ansah.
»Ich muss Ihnen leider mitteilen, dass ich Ihren Sohn nicht länger behandeln kann. Aber ich habe hier zwei meiner Kollegen für Sie notiert, die äußerst kompetent sind und sich der Sache bestimmt gern annehmen.«
Levis Mutter war fassungslos. »Sie behandeln ihn nicht weiter? Warum nicht? Was hat er angestellt?«
»Er hat nichts angestellt. Es sind persönliche Gründe, aus denen ich das nun leider tun muss.«
»Aber ... Ich hatte das Gefühl, Levi würde sich sehr gut mit Ihnen verstehen. Er sagte mir, dass er Sie nett findet.«
»Es tut mir leid.«
»Hat es denn etwas mit ihm zu tun?«
Die Psychiaterin sah unschlüssig aus. Nach ein paar Sekunden setzte sie sich doch auf ihren Stuhl. »Es ist so, dass ich krank bin. Ich werde noch ein paar Patienten behalten, aber nicht alle. Levi gehört leider zu denen, die ich abgeben muss.«
»Das tut mir sehr leid für Sie. Mir fällt ehrlich gesagt ein Stein vom Herzen, dass der Junge nichts angestellt hat.«
Die Psychiaterin sah entschlossen aus. »Sie haben da ein ungewöhnliches Kind. Schizophrenie ist in den meisten

Fällen nicht einfach zu behandeln. Sie müssen bedenken, dass die Psychologie mit unterschiedlichen Theorien arbeitet, und die Menschen sind vielschichtig.« Ihr Blick fand kurz Levi. »Sagen Sie dem Psychologen, den Sie auswählen, dass Levi bei mir war und er meine Unterlagen anfordern soll. Das erleichtert die Arbeit und spart Zeit, damit Ihrem Sohn bestmöglich geholfen wird.«
Seine Mutter nickte. »Das werde ich tun. Ich danke Ihnen und hoffe sehr, dass Sie bald wieder gesund sind.«
Die Psychiaterin schaute Levi an. »Das hoffe ich auch. Wie es aussieht, wurde die Krankheit früh erkannt. Vielleicht meint es das Schicksal gut mit mir. Ich wünsche auch Ihnen alles Gute.«


»Sie hat diese Blutkrankheit«, sagte Levi im Auto.
»Leukämie?«
Er nickte. »Genau die.«
»Woher weißt du das?«
»Ich habe es ihr gesagt.«
Seine Mutter rutschte mit dem Fuß vom Kupplungspedal, der Wagen starb ab. Hinter ihnen hupte jemand. Mit zittrigen Händen brachte sie das Auto wieder zum Laufen, lenkte es an den Straßenrand und schaltete es ab. Sie saß erstarrt da, die Hände weiterhin am Lenkrad.
»Mama?«
Sie sagte nichts. Sie saß nur da und starrte nach vorn, ins Unbestimmte. Eine Träne glitzerte auf ihrer Wange.
Levi sah in seinen Schoß hinunter. Er wusste nicht, was er tun oder sagen sollte.

Nach einigen Minuten drehte seine Mutter den Zündschlüssel und fuhr weiter. Sie schwiegen beide.


Levi ging nach unten, weil er durstig war. Es war schon nach elf Uhr, eigentlich sollte er schlafen. Der Durst war aber zu groß. Als er sich der Küche näherte, hörte er Hilda und seine Mutter reden. Er blieb an der angelehnten Tür stehen und lauschte.
»Hältst du es für möglich, dass er wirklich in die Zukunft sehen kann?«, fragte seine Mutter.
»Ich weiß es nicht. Es gibt bestimmt viele Dinge, die wir für unmöglich halten.«
»Was soll ich nur machen? Ich habe das Gefühl, dem Jungen einfach nicht gerecht zu werden.«
»Du tust, was du kannst.«
»Aber ich kann ihn doch nicht einfach in diese Klinik bringen! Es fühlt sich so an, als würde ich ihn aufgeben.«
»Das ist doch Quatsch. Du hast gehört, was der Mann gesagt hat. Sie haben dort Spezialisten für solche Sachen. Wenn Levi geholfen werden kann, dann dort. Ich meine, es sind Ärzte. Auch die haben einen Verstand. Wenn er wirklich in die Zukunft sehen kann, werden sie es merken.«
»Ich weiß nicht.«
Ein Stuhl wurde verrückt. Jemand ging zur Küchenzeile, Löffel klirrten in Tassen. Sie tranken sicher ihren Tee vor dem Schlafengehen.
»Levi ist ein kluger Junge«, sagte Hilda. »Erkläre es ihm. Er wird es verstehen. Es ist ja nicht für immer, die Zeit ist absehbar.«

»Du hörst dich überzeugt an. Du meinst, es ist also das Richtige?«
»Ja. Ich glaube, dass du das tun solltest.«
Er hörte ein Schluchzen. Seine Mutter weinte. »Ich bin eine miserable Mutter!«
»Hör schon auf! Du schlägst dich gut. Ich möchte andere sehen, wie sie mit so etwas umgehen würden. Das ist nicht einfach, und es zermürbt dich.«
»Warum kann ich nicht ein normales Kind haben? Warum habe ich nur etwas mit diesem Versager angefangen, der mich dann auch noch sitzen ließ, als er von der Schwangerschaft hörte?«
»Ja, das war dumm. Mit dem hättest du dich nie einlassen sollen.«
Levi starrte die Tür an. Er hoffte darauf, dass sie noch etwas über seinen Vater sagen würden, aber das taten sie nicht. Langsam schob er die Tür auf und sah Tante und Mutter am Tisch sitzen, über heiße Tassen gebeugt.
»Wer ist mein Vater?«, fragte er.
Seine Mutter zuckte zusammen, wandte sich um und blickte ihn mit verheulten Augen an. »Um Gottes willen! Wie lange stehst du schon da?«
»Ich will ihn kennenlernen. Vielleicht kann ich bei ihm wohnen. Vielleicht macht es ihm nicht so viel aus wie dir.«
Hilda stand auf. »Warum bist du nicht im Bett und schläfst?«
»Ich habe Durst.«
»Dann nimm dir was und geh wieder ins Bett. Das ist keine Zeit für einen jungen Mann wie dich.«

Levi sah seine Mutter an. »Ich will dir nicht wehtun. Lieber gehe ich zu meinem Vater.«
»Ich habe dir gesagt, dass ich nicht weiß, wo dein Vater ist. Jetzt trink etwas und geh wieder ins Bett.«
Levi ging zur Küchenzeile, schenkte sich Leitungswasser ein und trank. Danach drehte er sich noch einmal zu seiner Mutter um. »Bitte schick mich nicht in eine Klinik. Ich bin gesund. Ich werde nie wieder sagen, was ich sehe. Ich verspreche es dir.«
Tränen glänzten in den Augen seiner Mutter. Sie zog ihn zu sich und umarmte ihn. »Alles, was ich tue, mache ich, weil ich dich liebe. Aber ich lasse dich nie allein, hörst du?«
Levi spürte, wie ihm auch Tränen kamen. »Ja.«
»Gut. Dann geh jetzt wieder schlafen.«
Er ging. Schlafen konnte er allerdings lange nicht.

### 19.05.1996

Am Sonntag darauf packten sie ihm einen Koffer und fuhren zu dritt in die Klinik. Sie lag sehr weit entfernt, sie mussten lange fahren. Unterwegs stoppten sie an einer Autobahnraststätte, in der sie etwas aßen. Danach fuhren sie weiter.
Hilda hatte bei jeder Autofahrt die Anlage angeschaltet und hörte sich ihre Kassetten an. Levi mochte die Musik nicht, die sie hörte. Es war eine dumme Musik, mit doofen Texten. Hilda sang manchmal mit, und dann war es noch schlimmer. Sie konnte nicht singen.

Levi zählte blaue Autos. Das tat er immer, wenn er nicht dorthin wollte, wo sie ihn hinbrachten. Die Zeit verging schneller, und er musste nicht ununterbrochen darüber nachdenken, was auf ihn zukommen würde.
Eine Weile unterhielten sich seine Mutter und Hilda über Hildas Mann, der vor drei Jahren gestorben war. Er hatte ihr das Haus und Geld hinterlassen. Levi wusste, dass Hilda ihn nicht geliebt hatte, sie hatte ihn eher als Sohn gesehen. Als Sohn, der älter war als sie und Windeln tragen musste. Manchmal machte sie Witze über ihn.
Levi hatte ihn gemocht. Er war nicht ganz schlau im Kopf, sonst hätte er nie Hilda geheiratet, aber er war immer freundlich gewesen, auch wenn er gestunken hatte. Heute wusste Levi, dass er den Tod gerochen hatte. Der Mann war langsam gestorben. Zum Schluss war eigentlich nur noch sein Körper übrig, er selbst war nicht mehr da gewesen. Die Ärzte hatten seinen Körper am Leben erhalten, obwohl er längst weg gewesen war.
Manchmal verstand er die Erwachsenen nicht.
Die Klink war hässlich. Sie stand in freier Natur, weit weg von der nächsten Stadt, und sie war grau und plump. Sie parkten und gingen zum Eingang. Mutter trug seinen Koffer, Levi selbst seinen Rucksack mit ein paar Spielsachen.
Drinnen sah es etwas freundlicher aus, trotzdem hing ein komischer Geruch in der Luft. Die Empfangsdame gab seiner Mutter einen Fragebogen. Nachdem sie diesen ausgefüllt hatte, kam eine junge Frau und führte sie durch die Gänge. Ihnen begegneten ein paar Kinder. Ein

Mädchen lächelte ihnen zu, ein Junge sah stur zu Boden, die anderen taten, als wären sie gar nicht da.
Levi sah die Schatten. Sie waren hier überall. Manche hingen träge in der Luft, andere stoben rasend umher. Es sah aus, als würden sie spielen. Vielleicht tun sie das, dachte er. Vielleicht gefällt es ihnen hier sehr gut, weil es viel gibt, was sie aufsaugen können.
Die Frau führte sie in ein Zimmer. Es standen zwei Betten darin, die Wände waren kahl. Ein Junge in Levis Alter saß an einem Schreibtisch.
»Das ist Knut«, sagte die Frau. »Knut, das ist dein neuer Zimmergenosse Levi. Möchtest du ihm hallo sagen?«
Der Junge sah auf. Ein großer Schatten waberte um seinen Kopf herum. Es kam Levi vor, als würde Knut die Leute, die im Zimmer standen, gar nicht sehen. Er murmelte ein Hallo und beugte sich wieder über das Buch auf dem Tisch.
»Was hat er denn?«, fragte Levis Mutter möglichst leise.
»Das gleiche wie Ihr Sohn. Wir sind bemüht, die Kinder so unterzubringen, dass sie miteinander über das reden können, was sie erleben. Auf diese Weise findet ein Austausch statt, der möglicherweise fruchtbar ist. Machen Sie sich keine Sorgen. Sollte es irgendwelche Probleme geben, werden wir Levi sofort in ein anderes Zimmer verlegen.«
Seine Mutter nickte.
»Er hat nicht das, was ich habe«, sagte Levi zu seiner Mutter.
Die junge Frau lächelte. »Nun komm, Levi. Das hier ist dein Schrank. Du kannst deine Sachen dort einordnen.

Danach werde ich wieder zu dir kommen und dir den Stundenplan zeigen. Du wirst sehen, dass es hier viel Spaßiges zu tun gibt. Möchtest du dich jetzt von deiner Mutter verabschieden?«

Er schüttelte den Kopf. »Nein. Nimm mich wieder mit, Mama. Ich will hier nicht bleiben. Es ist nicht gut hier. Sie machen alles verkehrt. Bitte, Mama, nimm mich wieder mit.«

Die Tränen standen erneut in den Augen seiner Mutter. »Sei jetzt stark, Levi. Wir stehen das durch. Am Freitag bin ich schon wieder hier und hole dich fürs Wochenende ab. Willst du stark sein?«

»Das hat nichts mit stark sein zu tun«, sagte Levi. »Es ist nicht gut. Nicht richtig.« Er machte einen Schritt auf seine Mutter zu.

Hilda stellte sich dazwischen. »Jetzt reiß dich zusammen!«, sagte sie. »Es sind nur fünf Tage. Hier ist es schön, du bist mit vielen Kindern zusammen. Wir gehen jetzt.« Sie drehte sich um und schob seine Mutter aus dem Zimmer.

Die junge Frau lächelte Levi an, folgte seiner Mutter und seiner Tante und schloss die Tür hinter sich. Davor sagte sie noch: »Ich bin gleich wieder da. Räum deine Kleidung ein.«

Levi starrte die Tür an. Er hörte, wie sie davongingen. Langsam drehte er sich um. Der Schatten über Knut streckte sich und wollte nach Levi tasten, aber er wich aus. Er merkte, dass er keuchend atmete. Einen so dichten Schatten hatte er noch nie gesehen.

Er nahm seinen Koffer und stopfte ihn in den Schrank.

Danach setzte er sich auf sein Bett, zog die Knie an und beobachtete den Schatten. Ein weiterer kam durch die Tür, verband sich mit dem Schatten über Knut und teilte sich wieder. Er schwebte zu Levi herüber.
»Ich kann dich sehen«, flüsterte Levi. »Verschwinde!«
»Ich kann dich auch sehen«, sagte Knut, ohne sich umzudrehen.
»Was liest du da?«
»Ich lese nicht. Ich zähle die Buchstaben.«
»Wie viele sind es?«
»Fünf. Es sind immer fünf. Auf jeder Seite.«
Der Schatten verharrte vor Levis Bett. Levi zitterte. »Wie lange bist du schon hier?«
»Fünf. Es sind immer fünf.«
»Haben sie dir gesagt, dass du krank bist?«
»Meine Mama war gestern da. Sie hat mir gesagt, dass sie mich liebhat.«
Die Tür ging auf und die Frau kam herein. Sie lächelte Levi an, wandte sich zum Schrank und öffnete ihn. Als sie die Tasche sah, hob sie die Brauen. »Das ist aber nicht das, was ich Einräumen nenne. Komm her, ich helfe dir.«
Levi sah den Schatten an. Er robbte auf dem Bett zum unteren Ende, wich dem Schatten aus und stand auf. Als er zur Frau hinüberging, folgte ihm der Schatten. Zusammen mit der Frau nahm Levi seine Kleidung aus dem Koffer und ordnete sie in den Schrank.
»So sieht das doch schon besser aus«, sagte sie.
»Wie heißt du?«, fragte Levi.
»Tina. Ich bin eure Ansprechpartnerin. Wenn du irgendwelche Fragen hast, kannst du immer zu mir kommen.

Aber ich bin nur abends hier. In der Früh kommt Maria, du wirst sie morgen kennenlernen. Habt ihr euch schon angefreundet, Knut und du?«

Levi sah zu seinem Zimmerkollegen hinüber. »Er redet immer die gleichen Sachen«, sagte er. »Er antwortet nicht auf meine Fragen.«

Tina nickte. »Knut ist manchmal ein bisschen unaufmerksam. Das macht die Krankheit. Du musst Nachsicht mit ihm haben. Er ist ein lieber Kerl, nicht wahr, Knut?«

»Fünf«, sagte Knut.

»Er ist jetzt bestimmt auch ein bisschen aufgeregt, weil du in sein Zimmer einziehst. Ihr werdet bestimmt bald Freunde.« Sie zeigte auf seinen Rucksack, den er an das Bett gelehnt hatte. »Was ist da drinnen?«

»Meine Spielsachen.«

Sie nahm den Rucksack. »Die werde ich durchschauen. Wir erlauben hier nicht alles. Manche Sachen könnten für Knut und dich schlecht sein. Du bekommst es aber natürlich wieder, wenn vielleicht auch nicht hier.«

»Warum sind Spielsachen schlecht? Mein Lego ist da drinnen. Ich baue gern Sachen mit Lego.«

Tina sah ihn traurig an. »Das tut mir leid, Levi. Lego ist nicht erlaubt.«

Levi hob die Arme. »Aber was soll ich dann hier tun? Hier ist nichts, nicht einmal ein Fernseher.«

»Du wirst sehen, dass es genug zu tun gibt. In einer Stunde ist das Abendessen fertig. Ich komme euch dann holen. Morgen weckt dich Maria um sieben Uhr, und nachdem du dich gewaschen hast, geht es um halb acht

zum Frühstück. Anschließend machen wir ein paar Untersuchungen, damit wir dich besser kennenlernen.«
»Und was mache ich jetzt bis zum Abendessen?«
»Warum redest du nicht noch ein bisschen mit Knut? Bleib im Zimmer. Hier neben der Tür ist eine Klingel, wenn etwas ist, klingelst du. In Ordnung?«
Levi schüttelte den Kopf. »Ich gehöre hier nicht her. Ich will heim. Ich bin nicht wie Knut.«
Sie streichelte ihm über das Haar. »Natürlich bist du nicht wie Knut. Jeder ist anders. Gewöhne dich ein, Levi. Deine Mutter kommt Freitag. Ich hole euch also später ab. Bis dann.« Sie schloss die Tür hinter sich.
Levi, gefolgt vom Schatten, setzte sich wieder auf sein Bett. Dort blieb er die Stunde lang sitzen, ohne noch einmal mit Knut zu sprechen.

Levi schlief nicht. Er saß die ganze Nacht im Bett und beobachtete die Schatten. Er wusste, dass sie näherkamen, wenn er nicht hinsah.

20.05.1996

Als Maria am nächsten Morgen ins Zimmer kam, stellte sie sich ihm vor. Sie war eine kleine dicke Frau, die ständig lächelte.
Sie zeigte ihm das Badezimmer, in dem mehrere Jungen standen und sich wuschen. Er stellte sich an ein freies Waschbecken und putzte sich die Zähne. Einer der

Jungen wippte ununterbrochen mit dem Oberkörper vor und zurück, ein anderer murmelte irgendwelche Worte. Es war ganz anders als in der Schule.

Zurück auf seinem Zimmer, zog er sich an und folgte Maria. Sie gingen durch viele Flure und fuhren mit zwei Fahrstühlen. Der Bereich, in den sie kamen, erinnerte ihn an das Krankenhaus. Er musste sich ausziehen bis auf die Unterhose, dann legte man ihn auf eine Liege und schob ihn in eine Röhre. Dort war es unbändig laut, obwohl er Kopfhörer trug. Er musste lange darin bleiben.

Danach nahm man ihm Blut ab, hörte seine Lunge ab und leuchtete mit einer Taschenlampe in seine Augen.

Maria begleitete ihn anschließend erneut durch einige Flure. Sie redete ständig, aber Levi glaubte, dass sie sich nicht einmal selbst zuhörte. Sie brachte ihn zu einem Mann in Jeans und Hemd, sagte, sie käme ihn danach wieder holen und verschwand.

Der Mann bat Levi, sich vor den Schreibtisch zu setzen. Er tippte auf einer Tastatur herum, und dann lächelte er Levi an.

»Wie geht es dir nach der ersten Nacht?«

Levi zuckte mit den Schultern.

»Hast du gut geschlafen?«

»Gar nicht.«

»Nicht? Warum das?«

»Weil es nicht gut ist, hier zu schlafen.«

»Hast du Angst?«

Wieder ein Schulterzucken.

»Weißt du, warum du hier bist?«

»Weil alle denken, ich bin verrückt.«

»Keiner denkt das. Dieses Wort wollen wir hier gar nicht hören. Alle, die hier sind, haben Krankheiten, und wir versuchen, ihnen zu helfen.«
»Ich bin nicht krank.«
Der Arzt lehnte sich im Stuhl zurück. »Ich weiß von der Psychiaterin, bei der du warst, dass du Dinge siehst, die andere nicht sehen. Stimmt das?«
Levi reagierte nicht.
»Wirst du manchmal unruhig? Zum Beispiel, wenn du ferngesehen hast?«
»Nein.«
»Hast du Angst vor etwas? Zum Beispiel vor Schlangen oder Spinnen?«
»Nein.«
»Erzähl mir etwas von deiner Familie.«
»Ich wohne bei meiner Mutter und meiner Tante. Meinen Vater kenne ich nicht. Mama will mir nichts von ihm sagen.«
»Verstehst du dich mit deiner Mutter gut?«
»Manchmal.«
»Gibt es Sachen, über die du mit ihr nicht redest?«
»Viele.«
»Zum Beispiel?«
Levi sah den Mann nur an.
»Du wirst ja gerade zum Mann. Bald wirst du vierzehn. Hast du eine Freundin?«
»Nein.«
»Hattest du eine?«
»Nein.«
»Gibt es ein Mädchen, das du gut findest?«

»Helena Bonham Carter.«
Der Arzt hielt inne. »Du meinst die Schauspielerin? Das ist aber ungewöhnlich! Warum magst du sie?«
»Weil sie cool ist. Sie spielt coole Rollen.«
»Die Filme, die sie dreht, sind aber nichts für Jungen in deinem Alter.«
Levi sah auf seine Schuhe hinab.
»Aber gibt es auch ein Mädchen in deiner Umgebung, an deiner Schule zum Beispiel, die du schön findest?«
»Nein. Alles Zicken.«
»Hast du viele Freunde?«
»Einen. Phil.«
»Wie lange kennt ihr euch?«
»Seit letztes Jahr. Er ist neu in der Stadt.«
»Sonst keine Freunde?«
»Nein. Nur Bekannte.«
»Spielst du mit deinen Bekannten?«
»Ja. Wie alle anderen Kinder auch. Ich bin nicht krank.«
»Levi, damit wir dir helfen können, muss ich genau wissen, was du siehst. Vielleicht bist du wirklich nicht krank. Aber um das herauszufinden, musst du mir alles sagen.«
Levi betrachtete den Mann und überlegte, ob der ernst meinte, was er sagte. Levi könnte ihm alles erzählen, und vielleicht würde der Arzt erkennen, dass er gesund war und nicht hierhergehörte.
»Ich sehe Sie«, sagte Levi.
Der Arzt lachte. »Das ist schon mal gut! Aber erzähl mir von den Dingen, die andere nicht sehen können.«
»Ich sehe Schatten. Sie sind hier überall. Sie hängen sich an die Menschen und essen von ihnen.«

»Und sonst machen sie nichts?«
»Das ist nicht gut. Das ist sehr schlecht. Es macht die Menschen kraftlos und müde. Und manchmal krank. Wenn sie lange an ihnen essen, macht es sie krank. Die Menschen können davon sterben.«
»Wann siehst du diese Schatten?«
»Jetzt.«
»Jetzt gerade? Es ist einer hier?«
»Ja. Er hängt an Ihrem Kopf.«
Der Arzt sah Levi noch ernster an. »Hängen diese Schatten an allen Menschen?«
»Nein. Nur an manchen. An mir hängt keiner, an meiner Mutter auch nicht. An Hilda manchmal, weil sie oft zu viel trinkt. Dann kommen die Schatten.«
»Wer ist Hilda?«
»Meine Tante.«
Der Arzt wandte sich zum Computer und tippte etwas ein. »Was siehst du noch, außer den Schatten?«
»Manchmal weiß ich, was Menschen tun.«
»Wie meinst du das?«
Ein Schulterzucken. »Ich sehe es einfach, wenn ich die Menschen anschaue.«
»Hörst du Stimmen?«
»Nein.«
»Gibt es noch etwas?«
»Ich kann manchmal auch sehen, was mit den Menschen später passiert. In der Zukunft.«
»Bei allen Menschen, die dir begegnen?«
»Nein. Nur bei manchen.«
»Kannst du das lenken?«

»Nein.«

»Wie lange hast du das alles schon, Levi? Kannst du dich erinnern, wann eines der Dinge zum ersten Mal aufgetreten ist?«

»Ich glaube, ich war noch ganz klein. Die Schatten waren schon immer da. Die anderen Sachen nicht. Aber sie kamen, als ich ganz klein war.«

Der Arzt nickte und lächelte wieder. »Danke für deine Hilfe. Du wirst jetzt regelmäßig mit einem unserer Ärzte Unterhaltungen führen. Und dann sehen wir, was wir für dich tun können.«

»Kann ich nicht heim?«

»Ich fürchte nein, Levi.«

»Sie glauben also auch, dass ich verrückt bin?«

»Ich glaube, dass du hier richtig bist. Ich glaube, dass wir dir helfen können, damit du die Schatten und diese Dinge über andere Menschen nicht mehr sehen musst.«

»Ist es denn schlecht, dass ich das alles sehe?«

Der Arzt sog Luft ein. »Weißt du, zumindest ist es nicht gut. Es kann vorkommen, dass solche Sachen schlimmer werden, und dann wird deine Krankheit für dich zu groß. Wir wollen das vermeiden. Wenn wir dir jetzt schon helfen können, bevor es dir schlechter geht, wollen wir das natürlich tun.«

Levi nickte. »Aber ich glaube nicht, dass es hier besser wird. Ich möchte lieber nach Hause. Da kann ich doch auch mit einem Psychiater reden.«

»Wir bieten hier mehr an, Levi. Wir sind den ganzen Tag für dich da und helfen dir, damit du dir eine Zukunft aufbauen kannst.«

»Wie lange muss ich bleiben?«
»Erst einmal drei Monate. Während der Behandlungen werden wir sehen, ob sich die Zeit verkürzen lässt, oder ob wir dich länger hierbehalten müssen.«
Levi stand auf. »Ich finde es ungerecht, dass Erwachsene über mich bestimmen dürfen! Ich bin nicht krank! Ich sollte gehen dürfen!«
»Manchmal verstehen Kinder erst, was gut für sie ist, wenn sie groß sind. Jetzt geh nach draußen. Maria wird dich gleich abholen, es gibt bald Mittagessen. Ich wünsche dir einen guten Appetit.«


In der darauffolgenden Nacht lag Levi wieder wach und sah zu, wie die Schatten wuchsen.


21.05.1996

Am Tag darauf kam Maria und brachte ihm eine Tablette und ein Glas Wasser. Sie sagte, er solle sie schlucken. Levi nahm sie in den Mund, schob die Tablette unter die Zunge und spülte mit dem Wasser nach, wie er es immer machte. Maria wollte in seinen Mund sehen. Er musste die Zunge heben.
»Also, Levi!«, sagte sie, als sie die Tablette sah. »Jetzt schluck sie brav! Los!«
Ihm blieb nichts anderes übrig, als zu gehorchen.
»Warum willst du die Tablette nicht nehmen, Kind?«
»Weil sie nicht gut ist.«

»Natürlich sind sie gut. Sie helfen dir, gesund zu werden.«
»Wie kann man gesund werden, wenn man schon gesund ist?«
Maria lachte und ging zu Knut hinüber. Sie gab auch ihm eine Tablette.

22.05.1996

Nach der dritten wachen Nacht war Levi müde. Er hatte kaum Kraft, sich zu waschen.
Inzwischen musste er vormittags in den Unterricht. Sie hatten eine Lehrerin in den Hauptfächern, in der Klasse waren nur fünf Schüler. Die anderen Kinder lernten schlecht, manchmal fing eines sogar an zu kreischen. Ein Mädchen war im Deutschunterricht vom Stuhl gekippt und zuckend auf dem Boden liegen geblieben. Levi hatte gesehen, wie alle Schatten über ihr zusammenstürzten und sich in ihren Körper fraßen.
Er zählte die Stunden. Es war Mittwoch. Noch zwei Tage, bis er übers Wochenende heim durfte.
Die Gespräche mit seinem Psychiater waren langweilig. Alle stellten ständig die gleichen Fragen. Und keiner wollte begreifen, dass er nicht krank war.
Nachts sah er Knut beim Schlafen zu. Manchmal holte der sich einen runter, bevor er einschlief, und Levi musste das mit anhören. Er glaubte nicht, dass Knut verstand, was er tat. Knut war wie ein Fünfjähriger im Körper eines Fünfzehnjährigen. Fünf, weil er nur so weit zählen konnte. Das konnte kein Zufall sein.

Knut war etwas Schlimmes passiert. Sein Vater hatte mit ihm das gemacht, was er eigentlich mit Knuts Mutter machen sollte. Seitdem war Knut so. Man durfte ihn nicht anfassen, das wusste Levi von Maria. Und er konnte verstehen, warum.
Levi nahm die Tabletten nicht. Inzwischen klemmte er sie zwischen Backe und Zahnfleisch, denn dort sah Maria nicht nach. Er spuckte sie beim Zähneputzen aus, erzählte aber niemandem davon.
Nachmittags war er jeden Tag eine Stunde lang beim Psychiater, und danach hatte er entweder Sport, Kunstunterricht oder er musste mit einigen Kindern und wechselnden Aufsichtspersonen spazieren gehen oder Spiele spielen. Alles langweilte ihn, weil es langsam geschah, damit die anderen Kinder damit klarkamen.
Er weinte oft. Ihm fehlte seine Mutter, und ihm fehlte Phil. Außerdem war er todmüde und hatte mittlerweile Angst vor den Schatten. Er fürchtete sich vor dem Einschlafen. Er wünschte sich, er könnte die Schatten irgendwie vertreiben.

23.05.1996

Am Donnerstag konnte er nicht mehr. Er schlief während des Unterrichts ein und wachte erst auf, als ihm die Lehrerin auf die Schulter tippte.
Levi sah die Schatten davonschießen. Ihm wurde kalt, er sprang vom Stuhl auf und fing an zu weinen. Er war zu erschöpft, um begreifen zu können, was geschah.

Die Lehrerin holte Maria. Er durfte in sein Zimmer gehen. Maria setzte sich zu ihm aufs Bett und fragte, was los sei.
»Ich bin müde«, sagte Levi. Er wischte sich die Tränen aus den Augen.
»Dann schlaf jetzt ein bisschen. Ich entschuldige dich gern für den heutigen Tag, dann kannst du dich ordentlich ausruhen.«
Er schüttelte den Kopf. »Ich darf nicht.«
»Wer sagt das?«
»Ich.«
»Aber warum?«
Levi fing wieder zu weinen an, aus bloßer Erschöpfung. Seine Schultern zitterten.
»Warum darfst du nicht schlafen, Levi?«
»Die Schatten.«
»Hast du Angst vor dem Schlafen?«
Er nickte. »Die Schatten kommen, wenn ich schlafe.«
»Aber du merkst sie doch dann nicht.«
»Danach merke ich es. Sie sind nicht gut.«
»Kann ich dich einen Moment allein lassen?«
Er nickte wieder.
Maria stand auf und ging. Levi stellte sich in die Mitte des Zimmers, um nicht noch einmal einzuschlafen. Im Stehen erschien ihm das unmöglich. Nach ein paar Minuten kam Maria zurück, zusammen mit einer der Frauen aus dem Bereich, der nach Krankenhaus aussah. Sie hatte einen Koffer dabei.
»Du bist der junge Mann, der die ganze Woche noch nicht geschlafen hat?« Die Frau lächelte.
»Levi, komm her«, sagte Maria. »Setz dich auf das Bett.«

Er tat es. Die Frau legte ihren Koffer auf Knuts Matratze und öffnete ihn. Sie holte eine Spritze heraus und steckte sie in ein Behältnis, aus dem sie eine durchsichtige Flüssigkeit sog.

»Was ist das?«, fragte Levi.

»Das wird dir helfen zu schlafen.«

Er sprang vom Bett auf. »Das brauche ich nicht! Ich kann schlafen! Ich will nur nicht!«

Die Frau lächelte wieder. »Und darum werden wir dir helfen. Du wirst sehen, dass du dich danach wie neugeboren fühlen wirst. Setzt du dich bitte hin, Junge?«

»Nein! Gehen Sie wieder!«

Maria griff nach seinem Arm. »Levi, setz dich bitte. Mach keinen Zirkus. Sei artig.«

Er drehte sich zu ihr um. »Verstehst du nicht? Ich darf nicht schlafen! Ich darf erst daheim wieder schlafen. Morgen ist alles gut. Da holt mich Mama.«

»Zu wenig Schlaf macht krank«, sagte Maria. »Jetzt setz dich bitte. Ich verspreche dir, dass ich hierbleibe und aufpasse, dass keine Schatten kommen.«

»Du kannst sie doch gar nicht sehen, du blöde Kuh! Ihr seht alle nicht, was hier passiert! Ich gehe jetzt!« Levi drehte sich um und marschierte zur Tür. Er riss sie auf und lief in den Flur hinaus.

Hinter sich hörte er Maria und die andere Frau rufen. So schnell er konnte, rannte er Richtung Ausgang. Er durfte nicht zulassen, dass er hier schlief. Sonst würde er wirklich krank werden.

Vor dem Eingang fing ihn ein Mann ab. Er trug eine dunkle Uniform und packte ihn grob an den Armen. Levi

versuchte freizukommen, aber er war nicht stark genug. Vor Wut und Ohnmacht begann er zu weinen und um sich zu schlagen.
Die Frau mit der Spritze kam angelaufen. Sie packten seinen Arm, und ohne dass er etwas dagegen tun konnte, gab sie ihm die Spritze.

## 02.06.2012

Seine Mutter war wach. Sie saß am Küchentisch vor einem Glas Wein, ihre Augen waren aufgequollen und gerötet. Sie sah nicht auf, als Levi und Karoline hereinkamen.
»Wir waren spazieren«, sagte er und bedeutete Karoline, sich zu setzen. Er holte zwei Gläser aus dem Hängeschrank, stellte eines vor Karoline ab und schenkte ihr Wein ein. Sich selbst goss er Leitungswasser ein.
»Der Wald hier ist sehr schön«, sagte Karoline. »Er vermittelt Ruhe und Lebenskraft. Vielleicht sollten Sie uns das nächste Mal begleiten, Theresa.«
»Hilda und ich gingen immer sonntags im Wald spazieren.«
»Sie standen sich sehr nahe, Ihre Schwester und Sie?«
»Ja. In der Kindheit nicht, weil Hilda schon mit zehn Jahren in ein Klosterinternat geschickt wurde, aber später dann. Sie hat mir damals sehr gefehlt, sie kam nur in den Ferien nach Hause.«
Levi lehnte an der Küchenzeile. Er erwiderte Karolines Blick und sah zu dem Kruzifix hinüber, das über der Tür hing. Sie folgte seinem Blick.
»Haben Sie Hilda gefunden? Ich meine, nachdem sie ... Sie wissen schon. Möchten Sie darüber sprechen? Levi weiß ja auch noch nichts Näheres.«

Seine Mutter schnäuzte ins Taschentuch. »Ich bin gegen Mitternacht zur Toilette gegangen. Zu der Zeit war Hilda meistens noch wach. Sie hat immer sehr lange gelesen. Vier, fünf Stunden Schlaf haben ihr gereicht. Sie lag im Badezimmer auf dem Boden.«

Als sie zu schluchzen anfing, streckte Karoline eine Hand aus und legte sie auf ihren Arm. Man hörte nur das leise Weinen und das Ticken der Uhr. Der Regen hatte nachgelassen.

»Sie war doch gerade erst siebzig geworden! Es kam so plötzlich!«

»Auf den Tod ist man nie vorbereitet«, sagte Levi.

Sie vergrub das Gesicht wieder in den Händen. »Ich fühle mich allein. Was soll ich allein in einem so großen Haus?«

»Beruhige dich erst mal. Alles andere wird sich mit der Zeit ergeben.«

»An einem Abend, letzte Woche war das, glaube ich, hat sie zu mir gesagt, ihr käme es so vor, als verginge die Zeit schneller. Sie sagte, sie fühle sich, als laufe das Leben in rasender Geschwindigkeit an ihr vorbei. Es mache ihr aber nichts aus. Es sei gut so.«

Wieder folgte Schweigen.

»Liebt ihr beide euch?« Seine Mutter wischte sich mit dem Taschentuch die Augen und sah zuerst Karoline, dann Levi an.

»Wir kennen uns noch nicht so lange«, sagte Levi.

»Liebe ist ein großes Wort«, meinte Karoline. »Man darf es erst benutzen, wenn man sich ganz sicher ist, dass man in hundert Prozent für den anderen einstehen kann.«

Seine Mutter nickte. »Hilda habe ich geliebt. Ich hätte alles für sie getan.«
»Das wusste sie.« Levis Stimme klang ungewohnt sanft.
»Ja. Das wusste sie.« Die Tränen kullerten wieder. »Sie war aber auch ein ganz schöner Quertreiber. Wusstest du, dass sie die Wellensittiche, die du mir letztes Jahr zum Geburtstag geschenkt hast, einfach hat zum Fenster hinausfliegen lassen? Sie hat so getan, als putze sie die Fenster, als sei es ein Versehen gewesen.« Seine Mutter lachte. »Man neigt dazu, nichts Böses über die Leute zu sagen, wenn sie gestorben sind. Aber das ist nicht richtig. Ich mochte sie ja trotzdem.«
»Ihr habt eine Woche lang nicht mehr miteinander geredet, nachdem sie das getan hat.«
»Stimmt. So lange, bis sie mir schriftlich mitteilte, dass ich ausziehen soll. Da bin ich abends in der Küche laut geworden und hab ihren Tee vom Tisch gestoßen.«
Levi lächelte. »Wie kleine Kinder.«
»Ja.« Sie schluchzte wieder lauter. Karoline streichelte über ihren Arm. Nach einer Weile sah sie zu ihr auf. »Würdest du mich mit meinem Sohn allein lassen? Ich weiß, es gehört sich nicht, einen Gast hinauszuwerfen, aber ich würde jetzt sehr gern mit ihm allein sein.«
Karoline stand sofort auf. »Das ist absolut in Ordnung. Ich habe mein Buch dabei, ich lese einfach noch.«
»Danke.«
Levi und Karoline sahen sich an und wünschten sich eine gute Nacht. Man hörte ihre Schritte die Treppe hinauf leiser werden.
»Weiß sie davon?«, fragte seine Mutter.

Er schüttelte den Kopf. »Nicht viel. Ein bisschen.«
»Meinst du, sie kann damit umgehen?«
»Das wird sich zeigen.«
»Du willst es ihr also alles sagen?«
»Wenn wir uns weiterhin so gut verstehen, vielleicht.«
Sie nickte. »Machst du uns einen Tee?«
Levi drehte sich um und stellte den Wasserkocher an. Er holte zwei Tassen, gab in eine einen Beutel Pfefferminztee, in die andere grünen für sich selbst.
»Nimmst du die Tabletten noch?«
Levi sah sie an. »Nein. Es ist eine Zeit des Umbruchs für dich, Mama, und darum ist es auch Zeit für die Wahrheit. Ich habe die Tabletten nie genommen. Nicht einmal, als du glaubtest, ich würde sie nehmen.«
Sie war verblüfft. »Warum nicht?«
Sie blickten sich eine Weile an.
»Du hast gewusst, dass sie sterben wird?«
Levi hatte die Frage erwartet. Er nickte.
»Warum hast du nichts gesagt?« In ihren Augen sammelten sich wieder Tränen.
»Weil es keinen Sinn gemacht hätte. Es war zu spät.«
Seine Mutter senkte den Kopf. Levi goss das heiße Wasser in die Tassen und brachte seiner Mutter den Tee. Er setzte sich zu ihr an den Tisch.
»Du mochtest deine Tante nicht.«
Er schwieg.
»Sie hat immer gut für dich gesorgt. Sie hat mir finanziell ausgeholfen, vor allem, weil ich dir diese teuren Tabletten kaufen musste.«
Levi zog den Teebeutel durch seine Tasse.

»Sie war immer für dich da, Levi. Ich verstehe nicht, warum du ...«
»Sei still!« Er machte eine schnelle Bewegung, so dass Wasser aus der Tasse schwappte. Levi ließ den Teebeutel los. »Sei einfach still, okay? Ich habe ihren Tod gesehen, aber wir hätten nichts mehr tun können. Glaub mir einfach.«
»Es fällt mir schwer, das zu glauben.«
»Mehr kann ich dazu aber nicht sagen.«
»Wieso sagst du all diesen fremden Leuten, wie sie ihren Tod verhindern können, aber deiner Tante sagst du nichts?«
Levi erwiderte den Blick seiner Mutter. Plötzlich kam es ihm so vor, als sei sie unglaublich gealtert. Ihre Augen saßen in einem Gesicht voller Verbitterung und Unbehagen. Die Tränen, die sie weinte, konnten diesen Eindruck nicht fortspülen.
Er stand auf, stellte die Tasse in den Ausguss und verließ die Küche. Levi nahm seine Jacke, wickelte sich einen Schal um den Hals und ging nach draußen.

## 04.06.2012

Am Vormittag fuhren alle drei zum Bestattungsunternehmen.
Ein Mann im Anzug empfing sie und führte sie in ein Büro. Er händigte der Mutter ein paar Mappen aus, aus denen sie verschiedene Sachen aussuchen sollte. Er sprach von Blumen für die Zeremonie, von einem Spruch für das

Sterbebild, dem Text für den Zeitungsartikel und vielen anderen Dingen.

Sie reichte eine der Mappen Levi und bat ihn, die Sprüche für das Sterbebild durchzulesen. Sie selbst arbeitete sich durch ihre Mappen und sprach immer wieder mit dem Mann.

Levi klappte die Seiten auf und sah zusammen mit Karoline hinein. Sie blätterten schweigend und lasen all die Zeilen. Viele davon waren Bibelverse. Nach einer Weile deutete Karoline auf einen. Levi las es und nickte anschließend.

»Habt ihr etwas Passendes gefunden?«, fragte seine Mutter. Levi reichte ihr die Mappe und zeigte auf den Vers. Seine Mutter las ihn. Sie gab ihm die Mappe zurück. »Nein, das ist nicht das Richtige für Hilda. Sucht weiter.«

Levi legte die Mappe auf den Schreibtisch des Mannes und griff nach Karolines Hand. »Such dir selbst einen aus. Ich weiß, dass ich das nicht für dich tun kann. Wir warten daheim.« Damit ging er hinaus.

Draußen reichte er Karoline eine Zigarette. Sie nahm sie, führte sie aber nicht an die Lippen, sondern hielt sie unschlüssig in der Hand.

»Wir können sie doch jetzt nicht allein hier lassen mit all den schwierigen Entscheidungen«, sagte sie.

Levi atmete Rauch aus, hielt den Blick abgewandt. »Sie schafft das schon.«

»Ihr müsst euch aussprechen«, sagte sie.

»Es gibt nichts auszusprechen.«

»Das wirkt aber anders auf mich.«

Er drehte sich um und ging los. »Lass uns zu Fuß nach Hause gehen.«
Karoline folgte ihm.
Das Wetter war trüb und kühl. Immer wieder fiel leichter Regen, nicht mehr als ein feines Nieseln, das im Gesicht kitzelte. Sie kamen an einem Supermarkt vorbei, in den sie hineingingen. Levi kaufte zwei Flaschen Bier und eine Packung Kaugummi.
Draußen liefen sie ein paar Straßen hinunter und gelangten zu einem Spielplatz. Sie setzten sich in ein hölzernes Häuschen, Karoline schmiegte sich dicht an ihn. Levi öffnete die Flaschen mit dem Feuerzeug.
»Deine Mutter darf nicht wissen, dass du Alkohol trinkst?«
»Sie soll es nicht wissen.«
»Zwischen euch stehen einige Lügen.«
Der Regen wurde stärker. Er trommelte auf das Dach und den Sand. Levi sah zu, wie eine Spinne im Giebel den Rückzug antrat, als die Tropfen ihr Netz erreichten und über die Fäden hinabflossen.
»Hier haben Phil und ich unsere ersten Zigaretten geraucht. Hinter uns liegt ein Park, in dem wir abends oft waren.«
»Ich dachte, ihr seid in der Stadt in die Schule gegangen?«
»Schon. Ich zog dann aber hierher, zu Hilda. Von da an ging ich ins Gymnasium im Nebenkaff. Phil kam mich besuchen, sooft er konnte, und ich fuhr zu ihm in die Stadt, wenn wir fortgehen wollten.«
»Keine Entfernung kann euch trennen, was?«
Levi lächelte. »Erzähl mir von dir.«

Sie überlegte. »Eigentlich gibt es nicht viel zu sagen. Mein Vater starb, als ich zwei Jahre alt war. Meine Mutter vor zwei Jahren. Ich bin in die Realschule gegangen, habe danach eine Ausbildung zur Tipse gemacht und bin nach dem Tod meiner Mutter hergezogen. Und vor drei Monaten haben wir uns kennengelernt.«
»Keine Highlights?«
»Mit zwölf habe ich das Schwimmabzeichen Seepferdchen bekommen. Ist das ein Highlight?«
Sie lachten.
»Was arbeitest du jetzt wirklich?«, fragte Karoline.
»Nichts.«
»Du bist arbeitslos?«
Er schüttelte den Kopf. »Nein. Ich bin Rentner.«
»Ist das dein Ernst?«
Er sah sie an. »Ja. Seit meinem achtzehnten Lebensjahr.«
»Und warum?«
Levi wandte den Blick ab, nach draußen in den Regen. Er trank vom Bier.
»Weißt du, dass sich in deinen Augen Riegel vorschieben, wenn man dich nach etwas fragt, das du nicht beantworten willst? Da sind wirklich Riegel in deinen Augen! Sie verschließen den Blick in dich hinein.«
Er zuckte mit den Schultern.
Die Schatten kamen. Sie waren plötzlich da, schwebten um das Häuschen herum.
»Was ist mit deinem Vater? Ist er auch schon gestorben?«
Er hielt ihr das Bier zum Anstoßen hin und sah ihr anschließend dabei zu, wie sie trank. »Ich weiß es nicht. Ich glaube, er lebt.«

»Du glaubst es?«
»Ich glaube, ich werde es wissen, wenn er stirbt.«
»Du hast keinen Kontakt zu ihm?«
»Nein. Ich kenne ihn nicht.«
Einer der Schatten kam nahe an Karoline heran. Levi sah hin und vertrieb ihn mit dem Blick.
»Es ist noch nicht einmal Mittag und wir trinken schon Bier.« Karoline lachte leise.
»Du musst es nicht trinken, wenn du nicht willst.«
»Kein Problem. Ich stehe dir bei. Du hast doch Abitur, oder?«
»Ja.«
»Hast du nicht studiert?«
»Ich wollte Biologie studieren. Es kam etwas dazwischen.«
»Eine Ausbildung?«
Er schüttelte den Kopf.
»Du wirkst nicht so auf mich, als könntest du nicht arbeiten.«
»Hin und wieder jobbe ich. Zufrieden?«
Sie gab ihm einen Klaps auf den Arm. »Ich frage doch nur. Was jobbst du denn?«
»Ich kellnere.«
»Natürlich, was sonst. Du bist selbst dein bester Kunde, was?«
»Es ist verboten, während der Arbeit zu trinken.«
Karoline seufzte. »Gestern warst du gesprächiger.«
»Gestern war ein anderer Tag.«
»Was ist an dem heutigen verkehrt?«
»Es ist erst Vormittag.«

Sie tranken still ihr Bier.
»Was ist das Problem zwischen deiner Mutter und dir?«, fragte Karoline irgendwann. »Ist es, weil du diese Sachen sehen kannst?«
»Kannst du nicht einfach mal die Klappe halten?«
»Selten.«
»Dann geh. Meine Mutter ist bestimmt auch bald daheim.«
Er fingerte den Hausschlüssel aus der Hosentasche und drückte ihn Karoline in die Hand. Sie sah ihn abwägend an. Schließlich stellte sie ihr halb getrunkenes Bier neben ihm ab, stand auf und lief durch den Regen.
Levi sah ihr nach. Ihre Gestalt wirkte klein und zierlich, als liefe ein Kind nach dem Spielen im Sand davon, weil es vom Wetter überrascht worden war.


Er rief Phil an, als sein Bier leer war und er anfing, Karolines Rest zu trinken.
»Hey, Mann«, sagte Phil, »wie ist die Lage?«
»Ich sitze auf dem Spielplatz. Unsere Kritzeleien mit dem Edding sind nicht mehr lesbar.«
»Eine Schande. Irgendwann müssen wir sie auffrischen.«
»Ja.«
»Bist du allein?«
»Ja. Mit dem Bier von Karoline.«
»Hast du es vermasselt, Alter?«
»Nein. Ich glaube nicht. Sie ist ausdauernd.«
»Was hast du denn gemacht?«
»Ich hab ihr gesagt, sie soll die Klappe halten und gehen.«

»Das ist genau das, was Frauen hören wollen.«
Levi lachte.
»Wie geht es deiner Mom?«
»Sie weint ständig.«
»Kann ich nachvollziehen. Seid ihr wenigstens eine Hilfe für die arme Frau?«
»Karoline vielleicht schon.«
»Alter, du bist ihr Sohn! Benimm dich mal!«
»Ich tue, was ich kann.«
»Du musst jetzt einfach Nachsicht haben, in der Trauer werden die Menschen oft komisch. Sie sind sentimental, und wahrscheinlich steht deine Mutter noch unter Schock.«
»Sie ist immer sentimental und steht immer unter Schock.«
»Dann kennst du dich ja damit aus.«
»Was machst du?«
»Ich liege auf der Couch. In einer Stunde gibt es Mittagessen. Schweinebraten a là Mama.«
»Igitt.«
»Jaja, du elender Vegetarier! Aber ist es nicht komisch, dass wir jetzt beide wieder bei unseren Eltern rumhocken und miteinander telefonieren? Wie früher.«
Levi schwieg.
»Ich könnte vorbeikommen.«
»Mama würde sich bestimmt freuen, dich zu sehen.«
»Damit sie mich wieder mit dem Besen vertreiben kann, weil ich in euren Garten pinkle?«
Sie lachten.
»Ich schau mal, was ich machen kann«, sagte Phil. »Wär

jedenfalls witzig, so ein Auflebenlassen der alten Zeiten. Dann können wir auch unsere künstlerischen Hinterlassenschaften auf dem Spielplatz auffrischen.«
»Ja. Das könnten wir tun.«
»Wenn ich es zeitlich schaffe, melde ich mich. Halt die Ohren steif, mein Freund.«


Seine Mutter und Karoline saßen am Küchentisch und tranken Kaffee. Karoline hatte sich ein Handtuch um das nasse Haar gewickelt und neue Kleidung angezogen. Levi trat ins Zimmer und begegnete ihren Blicken. Er wusste, dass sie über ihn gesprochen hatten.
»Du bist ganz nass«, sagte seine Mutter. »Das Badezimmer ist noch geheizt, Karoline hat gerade geduscht. Willst du es nicht ausnutzen und auch duschen?«
Er nickte.
Karoline lächelte ihn an. Kurzentschlossen ging er zu ihr, beugte sich hinunter und gab ihr einen schnellen Kuss.
»Es tut mir leid«, sagte er.
»Schon in Ordnung. Jeder braucht Zeit für sich. Geh duschen.«
Er drehte sich um und ging nach oben. Er sperrte die Badezimmertür zu und zog sich aus. Lange blieb er unter dem warmen Wasserstrahl stehen, ohne sich zu bewegen. Es fühlte sich an, als würde er die Erlebnisse der letzten Tage abwaschen.
Danach rasierte er sich, schlüpfte in frische Kleidung, putzte sich die Zähne und spülte mit Mundwasser nach, um den Geruch nach Alkohol loszuwerden. Als er wieder

in die Küche kam, waren Karoline und seine Mutter gerade dabei, gemeinsam den Tisch zu decken. Er blieb im Türrahmen stehen und sah ihnen zu.

Es war ein merkwürdiges Bild: Seine Mutter und seine neue Freundin schienen sich zu verstehen, sie harmonierten.

Karoline war es, die ihn zuerst bemerkte. Sie drehte sich um, lächelte und strich sich eine Strähne aus dem Gesicht.

»Es gibt Nudeln mit Soße«, sagte sie.

»Eine Zubereitung von Karoline. Sie sagt, sie hat das Rezept für die Soße von ihrer Oma. Komm und setz dich, mein Junge. Es ist so gut wie fertig. Ich muss nur noch die Nudeln abseihen.«

»Ich hoffe nur, dass es euch auch schmeckt. Es ist schon eine spezielle Zubereitung. Ich habe das Essen geliebt, als ich ein Kind war.«

Levi setzte sich. Während seine Mutter die Nudeln brachte, teilte Karoline für jeden Besteck aus.

»Was ist mit euch passiert?«, fragte Levi, als sich die beiden an den Tisch setzten.

»Was soll passiert sein?«

Er zuckte mit den Schultern und ließ sich von Karoline Essen auf den Teller schaufeln. Er probierte. Die Soße schmeckte nicht typisch nach Tomatensoße, das stimmte, aber sie war gut. Er nickte Karoline zu.

»Du siehst gut aus ohne den Dreitagebart«, sagte Karoline kauend.

»Ich sage ihm schon immer, dass er sich ordentlicher rasieren soll. Manchmal, wenn ich ihn anschaue, denke ich, er ist unter Wilden groß geworden.«

Karoline lachte. »Der Bart steht ihm auch, aber so sieht er jünger aus.«
»Wenn er jetzt noch zum Friseur gehen würde, dann würde er auch nach neunundzwanzig ausschauen. Ohne den Bart hat er es schon mal auf fünfunddreißig geschafft.« Seine Mutter lächelte.
»Du bist erst neunundzwanzig?« Karoline starrte ihn an.
»Oh, wusstest du das gar nicht?«
»Was dachtest du denn?«, fragte Levi.
»Naja, Phil ist älter. Ich dachte …«
»Wie alt bist du denn, Karoline?«, fragte seine Mutter.
»Einunddreißig. Das ist aber jetzt peinlich.« Sie hielt sich die Hand vor den Mund und kicherte.
Levi musste auch lachen. »Lauter alte Weiber!«
»Denk dir nichts«, sagte seine Mutter zu Karoline. »Er ist trotzdem älter. Levi hat viel erlebt und ist deshalb reifer als seine Altersgenossen.«
Karoline nickte. »Ich weiß. Er ist gefühlte neunzig.«
Die Frauen lachten. Levi sah in seinen Teller und tat, als könne er sie nicht hören.
»Manchmal habe ich wirklich gedacht, ich bin das Kind«, sagte seine Mutter. »Ich war oft nicht fähig, ihn zu trösten, aber er war es immer. Seine Nähe beruhigt mich, weil er als Kind schon so erwachsen gewirkt hat.«
Ihre Blicke begegneten sich. Levi wollte lächeln, aber er schaffte es nicht.
»Ich bin sehr froh, dass du deine Freundin mitgebracht hast. Sie ist wirklich ein Schatz.« Seine Mutter tätschelte Karolines Hand. »Wollt ihr nicht später das Auto nehmen? Ihr jungen Leute wollt doch bestimmt nicht nur

hier rumsitzen. Zeig ihr doch die Flugschanze. Von dort hat man einen so tollen Ausblick auf das Tal.«
»Was ist mit dir?«, fragte Levi.
»Ich brauche ein bisschen Zeit für mich. Ich will mal Hildas Zimmer nach Unterlagen absuchen, sie hatte nämlich einige Versicherungen. Um das alles muss ich mich kümmern.«
»Brauchen Sie uns dabei nicht? Die Unterlagen machen die meiste Arbeit.«
»Ach was! Ich schaue ja erst einmal, was ich finde.«
Levi sah seine Mutter an. Er wusste, dass sie sich nur auf Hildas Bett setzen wollte, im Versuch, der Toten dort näher zu sein.
»Gut, wir fahren«, sagte er.
Eine Stunde später brachen sie auf. Levis Mutter hatte ihnen Getränke und Brote in einen Korb gepackt, zusammen mit einer Decke. Das Wetter machte zwar nicht den Eindruck, als könne man picknicken, aber sie nahmen die Sachen dankend an.
Im Auto roch es nach Duftbäumchen. Levi kurbelte das Fenster herunter und startete die alte Karre. Sie fuhren aus der Garage, und als sie einige Straßen vom Haus entfernt waren, zog Karoline die Beine an und setzte sich im Schneidersitz hin.
»Darf ich wieder reden?«
Levi sah sie kurz von der Seite an. »Ich dachte, du hättest mir verziehen.«
»Dass du allein sein wolltest, das habe ich dir verziehen. Aber nicht deinen Ton. Außerdem wollte ich das erst ansprechen, wenn wir allein sind.«

Er schwieg.
Sie fuhren über die schmale Straße den Hügel hinauf und parkten auf dem Schotterparkplatz, der zur Absprungschanze für Gleitschirmflieger gehörte. Es war niemand da. Er stieg aus, holte den Korb vom Rücksitz und schloss den Wagen ab. Nebeneinander gingen sie über die Wiese. Die Schanze war hölzern, trapezförmig und ragte einige Meter über den Abgrund hinaus. Sie kletterten auf den höchsten Punkt und sahen hinunter. Vor ihnen lag das Tal in mehreren hundert Metern Tiefe.
Das Wetter zeichnete unscharfe Bilder. Der Fluss wand sich zwischen Feldern und Wiesen hindurch und wirkte gemalt. Alles wirkte gemalt, als hätte die hohe Luftfeuchtigkeit zum Pinsel gegriffen und ihre Begabung vor ihren Augen verewigt.
Levi hatte das Gefühl, Wasser zu atmen.
Er stellte den Korb ab, nahm die Decke heraus und breitete sie auf den Dielenbrettern aus. Nachdem er sich gesetzt hatte, sah er überrascht, dass sechs Flaschen Bier im Korb lagen. Er blickte Karoline an.
»Das ist kein Geschenk an dich«, sagte sie und setzte sich ebenfalls. »Sie sind für mich. Man weiß ja nie, wann du einen wieder wegschickst, und dann muss ich etwas zu tun haben.«
Levi verdrehte die Augen. Auf den Knien stakste er zu ihr hinüber, gab ihr einen Kuss auf die Stirn. »Es tut mir leid«, sagte er und sah ihr in die Augen. »Wirklich.«
Sie grinste. »Mach endlich zwei Flaschen auf«, rief sie lachend, »sonst muss ich dir noch ein Hundehalsband umlegen, wenn du mich so treudoof anschaust.«

Levi nahm die Flaschen aus dem Korb und öffnete sie. Er grinste, stieß mit Karoline an und setzte sich neben sie. Er legte ihr einen Arm um die Schultern und sie schauten ins Tal hinab.
»Die Beerdigung ist schon am Freitag«, sagte Karoline. »Dreizehn Uhr.«
Danach schwiegen sie. Karoline deutete auf einen Falken, der im Aufwind vor ihnen aufstieg. Scheinbar bewegungslos segelte er in der Böe, zog einen weiten Bogen und verschwand wieder unter ihnen. Sie hörten ihn noch einmal rufen.
Als Levi nach der zweiten Flasche griff, sah er Karoline an. »Bist du jetzt mir zuliebe so ruhig?«
»Ja.«
»Explodieren in deinem Inneren nicht die ganzen Fragen?«
»Nein. Wir haben Zeit. Ich kann sie dir stellen, wenn der Moment gekommen ist.«
Er lächelte und ließ sie gewähren, als sie sich hinlegte und den Kopf auf seinen Schenkel bettete. Levi sah auf sie hinunter, während sie weiterhin nach draußen in die Ferne blickte. Er strich ihr die Haare aus dem Gesicht und hinters Ohr.
Als er die zweite Flasche zur Hälfte geleert hatte, setzte sich Karoline wieder auf. Sie sah schläfrig aus.
»Ich bin eingenickt«, sagte sie.
Er nickte. »Bist du.«
»Ich fühle mich selten so wohl in der Nähe fremder Menschen.«
»Vielleicht sind wir gar nicht fremd.«

»Wie meinst du das?«

Er strich ihr erneut die Haare aus dem Gesicht. »Ich weiß es nicht. Es ist nur ein Gefühl.«

Sie hob die Brauen. »Levi vom Brunnen, verliebst du dich gerade in mich?«

Der Falke kehrte zurück. Dieses Mal kam er von hinten, schoss über den Abgrund und sank vor ihnen hinab. Eine Böe trug ihn wieder herauf, erneut segelte er durch die feuchten Lüfte.

Ein Surfer, dachte Levi.

Er küsste Karoline. Er berührte ihre Lippen nur ganz leicht und wich wieder zurück. Noch immer kam keine Vision, nicht einmal der Ansatz einer solchen.

»Jetzt bist du ein ganz anderer Mensch«, sagte Karoline leise. »Ganz anders als vorhin. Wieso gibt es so viele von dir?«

»Ich passe mich dem Moment an.«

»Nein. Du bist immer vorsichtig, bedacht. Jetzt bist du es nicht.«

»Ich passe mich dem Moment an.«

Wieder küsste er sie. Dieses Mal wurde es ein langer Kuss.

»Der Falke«, sagte er danach, »ist ein Symbol für Sehnsucht. Wir sehen ihm zu, wie er frei und schwerelos gleitet und wünschen uns, es auch zu können. Wir möchten frei sein von den Fesseln unseres Körpers und unseres Lebens und eins werden mit dem, was uns am Leben erhält.«

»Gott?«

»Vielleicht ist es Gott. Ich weiß es nicht. Ich weiß nur, dass der Falke ein gutes Symbol ist. Er fordert uns auf, frei zu

sein. Er möchte, dass wir die Klappen von den Augen nehmen und sehen.«
Karoline sah dem Vogel lange zu. »Aber du kannst doch sehen?«
»Fragmente. Wie du auch.«
»Aber du siehst andere Fragmente als ich.«
»Jeder sieht andere. Wenn wir die Fragmente aller Menschen zusammenfügen würden, vielleicht hätten wir dann das Ganze.«
Karoline lächelte. »Das ist ein schöner Gedanke.«
Dieses Mal küsste sie ihn.
Sie legten sich nebeneinander auf den Rücken und sahen in den grauen Himmel. Es dauerte nicht lange, bis Levi einschlief.


Der Falke schrie. Levi schreckte hoch.
Karoline lag neben ihm, sah ihn an. Sie hob eine Hand und strich über sein Haar. »Du redest, wenn du schläfst.«
Levi richtete sich auf, griff nach seinem Bier und trank einen Schluck. Er holte sein Handy aus der Hosentasche und sah auf die Uhr. Es war bereits fünfzehn Uhr achtzehn. »Ich habe über eine Stunde geschlafen.«
»Ja.«
Er packte das Handy weg und stützte sich auf einen Ellbogen. »Was habe ich erzählt?«
»Ich glaube, du hast spanisch gesprochen.«
»Was?«
Sie nickte. »Es war jedenfalls kein Deutsch.«

Er runzelte die Stirn. Er konnte sich an keinen Traum erinnern. »Ich kann kein Spanisch.«

»Dann musst du zumindest ein paar Wörter aufgeschnappt haben.«

»Wahrscheinlich irrst du dich. Ich habe wohl nur gemurmelt, und du glaubst gleich, es wäre Spanisch.« Er grinste.

»Nein. Irrtum ausgeschlossen. Ich hatte eine Freundin, die ist Spanierin, und darum kann ich das beurteilen.«

Levi beugte sich hinunter und gab ihr einen Kuss auf die Stirn. »Hast du nicht geschlafen?«

»Doch. Ein bisschen. Es kamen Leute vorbei, Spaziergänger, da bin ich aufgewacht.« Sie richtete sich auf. »Ich habe mit meinem Smartphone gesurft. Weißt du, wofür der Falke noch steht?«

Levi sah sie fragend an.

»Er war bei den Kelten der Übermittler für diese und die Anderswelt. Er steht für Stärke, Sehkraft und Erinnerungsvermögen.« Sie nahm seine Hand. »Es ist dein Tier, Levi.«

Er nahm das Bier und trank es aus. »Hast du kein Bier mehr?«

»Nein. Ich habe ausgetrunken. Ich möchte auch keines mehr.«

Levi holte eine Plastikbox aus dem Korb, machte sie auf und entnahm ihr zwei Käsebrote.

24.05.1996

Als er erwachte, war er umgeben von Schatten. Es dauerte lange, bis er sich erinnerte. Levi setzte sich im Bett auf und sah, dass die Schatten Abstand von ihm nahmen.
Er schwang die Beine aus dem Bett und griff sich an den Kopf. Es fühlte sich beinahe so an wie damals im Krankenhaus, als er die Gehirnerschütterung gehabt hatte. Es war schwer, einen Gedanken zu fassen.
Auf seinem Nachtkästchen stand die Flasche Wasser, die er vorgestern dort abgestellt hatte. Er nahm sie und trank. Er konnte fühlen, wie das Wasser in seinen Magen lief.
Die Tür ging auf, Tina kam herein.
»Woher weißt du, dass ich wach bin?«, fragte er.
Sie zeigte in das Eck über der Tür. »Dort hängt eine Kamera. Ich sehe, was ihr tut. Ich habe schon darauf gewartet, dass du wach wirst. Wie geht es dir?«
»Nicht besonders. Maria hat mir einfach eine Spritze geben lassen, damit ich schlafe, obwohl ich nicht wollte.«
»Ich weiß. Das war nötig. Schlaf ist sehr wichtig, Levi.«
»Ja. Aber nicht hier. Hier ist er gefährlich.« Er sah ihr in die Augen.
*Ein Mann schlug sie. Er traf sie mit der flachen Hand so hart, dass sie gegen den Türrahmen knallte und bewusstlos auf dem Boden liegen blieb. Sie trug einen dicken Bauch.*

»Schlaf ist praktisch nie gefährlich«, sagte Tina und setzte sich zu ihm aufs Bett. »Ich muss dir leider etwas sagen, das dir nicht gefallen wird.«

Ich dir auch, dachte Levi. Aber er erinnerte sich daran, dass er seiner Mutter ein Versprechen gegeben hatte. Er konnte Tina nicht erzählen, dass sie schwanger war und den Mann nicht heiraten durfte.

»Es ist Freitagabend.« Sie sah ihn an.

»Freitag? Aber als ich einschlief, war Donnerstag.«

»Du hast so lange geschlafen. Wir haben dir noch eine Spritze gegeben, damit du dich so richtig erholen kannst.«

»Dann kommt ja gleich meine Mama, um mich abzuholen.«

»Es tut mir leid, Levi. Wir haben sie angerufen und gesagt, dass sie nicht kommen soll. Sie richtet dir ihre Grüße aus. Du bleibst das Wochenende über hier.«

Levi starrte sie an. »Was?«

»Die Ärzte haben beschlossen, dass es besser ist, wenn du hierbleibst. Deine Mutter kommt nächste Woche und besucht dich. Aber heim darfst du nicht.«

»Aber warum?«

»Wegen deiner Krankheit.«

»Ich bin nicht krank.« Tränen rannen ihm über die Wangen.

»Levi, du hast den Schlaf verweigert. Du hattest Halluzinationen. Weißt du, was das ist, eine Halluzination?«

Er starrte sie nur an.

»Da sieht man Sachen, die eigentlich gar nicht da

sind. Die Sachen, die du siehst, haben dir Angst gemacht, und du wolltest nicht schlafen. Wir müssen das beobachten. Verstehst du das?«

Er schüttelte den Kopf. »Das ist alles gelogen! Ich habe keine Halluzinationen! Geh und schau nach, ob du schwanger bist! Dann siehst du, dass alles, was ich sehe, Wirklichkeit ist!«

Tina blinzelte. »Was?«

»Ja, du Hohlkopf, du bist schwanger!«

»Junger Mann, pass auf, was du sagst! Du bist jetzt traurig, aber das ist kein Grund, mich zu beleidigen.«

»Ihr wollt alle nie die Wahrheit hören! Das macht mich wütend! Du bist ein Hohlkopf, weil du mir nicht glaubst, weil du diesen Trottel heiraten wirst, der dich dann schlägt. Und du bist genauso dumm wie Maria und alle anderen hier. Die einzig Klugen sind die Kranken, aber ihr seid alle dumm! Ich will jetzt sofort heim!«

Tina stand auf. »Du kannst nicht heim. Beruhige dich. Erinnere dich daran, dass wir hier alle auf deiner Seite sind und dir nur helfen wollen.«

Levi sah zu ihr auf. Ein Schleier aus Tränen verzerrte seinen Blick. »Ich will nur heim. Hier werde ich krank. Richtig schlimm krank.«

Tina schüttelte den Kopf. »Du wirst gesund werden. Komm jetzt bitte mit mir, damit du duschen kannst. Danach gehen wir in den Speisesaal und schauen mal, ob wir für dich noch ein Abendessen auftreiben können. Du hast doch bestimmt Hunger?«

Er nickte. »Ich will, dass mir Mama Pfannkuchen macht.« Er fing laut zu weinen an. Levi verbarg das Gesicht in den

Händen und weinte. Er glaubte, nie wieder aufhören zu können.

26.05.1996

Nach zwei weiteren schlaflosen Nächten kamen sie wieder mit der Spritze. Levi schlug sie der Krankenschwester aus der Hand, aber Unterstützung war schon zur Stelle. Sie hielten ihn zu dritt fest. Wieder sagte er ihnen, dass sie ihn damit krank machten, aber sie hörten nicht auf ihn.
Er schlief.

29.05.1996

Seine Mutter kam Mittwochabend. Tina führte sie in Levis Zimmer und nahm Knut mit hinaus, damit sie allein sein konnten.
Levi fing sofort zu weinen an. Er hatte die letzten Nächte wieder nicht geschlafen und war zittrig. Seine Mutter nahm ihn in den Arm, führte ihn zu seinem Bett, zusammen setzten sie sich.
»Was ist denn los?«, fragte seine Mutter und drückte ihn fest an sich.
Levi weinte minutenlang. Er brachte kein Wort heraus.
»Sie geben mir Spritzen«, sagte er schließlich. »Ich kann hier nicht schlafen, Mama. Es geht nicht. Aber sie wollen es nicht verstehen. Sie sind blind. Sie machen alles schlimmer, und ich gehöre hier nicht hin.«

»Warum willst du nicht schlafen, Junge?«
»Die Schatten.« Er flüsterte nur.
Seine Mutter sah ihn an. Sie strich ihm durch das Haar.
»Du siehst nicht gut aus. Und du fühlst dich heiß an. Bist du krank?«
»Ich werde bald krank sein, wenn ich bleiben muss.«
»Levi, die Schatten waren doch daheim auch da, oder nicht?«
»Nein, Mama. Sie waren so gering. Und es waren nie viele, manchmal kam ein ganzes Jahr lang keiner. Aber hier sind sie überall. Sie warten nur darauf, dass ich schlafe.« Er sah seine Mutter fest an. »Du musst mir glauben. Ich bilde mir das nicht ein, es ist keine Halluzination. Sie sind da, auch wenn du sie nicht sehen kannst. Sie kommen, wenn man Dinge tut, die nicht gut sind. Ich habe Angst.«
Seiner Mutter standen Tränen in den Augen. »Levi, meinst du nicht, es wäre gut, einen Versuch zu wagen? Vielleicht sollten wir auf die Ärzte hören. Probiere es doch aus. Leg dich einfach schlafen, und dann können wir sehen, ob du wirklich krank wirst. Wenn das passiert, hole ich dich sofort hier raus.«
Er schluchzte. »Du verstehst es nicht! Du glaubst mir nicht! Ich bin schon auf dem Weg, krank zu werden. Weil ich nicht schlafen kann. Dann wird mein Denken komisch, und wenn sie mit der Spritze kommen, habe ich mich nicht mehr unter Kontrolle. Ich schlage um mich, aber das will ich gar nicht. Mama, ich habe doch noch nie so was getan! Mama, bitte, denk nach!«

Seine Mutter konnte seinem Blick nicht standhalten.
»Levi, ich ...«
»Nimm mich mit heim. Bitte.«
»Ich habe mit deinen Ärzten gesprochen, gerade eben. Sie haben gesagt, dass du nur ängstlich bist, weil du das erste Mal länger von daheim weg bist. Sie kennen sich da aus, Levi. Wenn ein bisschen Zeit vergeht, wirst du dich eingewöhnt haben. Und dann darf ich dich auch am Wochenende wieder abholen kommen.«
Levi schüttelte den Kopf. »Mama, bitte!«
Sie stand auf. »Es fällt mir sehr schwer. Glaub mir, dass es mir nicht leichtfällt. Ich liebe dich. Ich versuche nur, das zu tun, was gut für dich ist.«
Er wollte nach ihrer Hand greifen, aber sie entzog sich ihm. »Warum glaubst du diesen Fremden mehr als mir?« Ein Schluchzen schüttelte ihn. »Bald kommen sie wieder mit der Spritze. Ich habe Angst, was ich dann tun werde. Ich kann nicht mehr klar denken, wenn ich nicht schlafen kann.«
»Dann schlaf doch einfach.«
Er weinte nur und sah seine Mutter an.
»Wahrscheinlich ist es besser, wenn ich gehe«, sagte sie und wandte sich zur Tür.
»Nein, geh nicht!«
Sie machte die Tür auf. Sofort war Tina da und hielt Levi zurück, der seiner Mutter nachlaufen wollte. Er wollte sich ihrem Griff entwinden, aber die Tränen und die Müdigkeit ließen ihm nicht viel Kraft dafür übrig.
»Mama!«, rief er immer wieder. »Bitte, komm zurück!«
Aber seine Mutter ging ohne einen Blick zurück.

Die Nacht kam mit der Spritze. Levi wehrte sich nicht. Er saß auf seinem Bett und starrte vor sich in die Luft. Er antwortete auch auf keine der Fragen, die sie ihm stellten. Er konnte nicht glauben, dass seine Mutter einfach gegangen war.


Die Wochen verstrichen.
Levi redete nicht mehr. Er schwieg den Psychiater an, er schwieg seine Lehrerin an, er schwieg die Prüfungen an und er schwieg die anderen Kinder an.
Wenn seine Mutter einmal in der Woche zu Besuch kam, schwieg er auch sie an.
Er saß nur auf seinem Bett und starrte ins Nichts.
Lange genug hatte er geredet und geredet, ohne dass ihm jemand zugehört hatte.
Es war Zeit, still zu sein.


13.06.1996

Die Drillinge kamen in der vierten Woche.
Levi saß auf einer Bank im Garten vor der Klinik und atmete Frühlingsluft. Neben ihm schwebte ein Schatten, der Abstand war inzwischen sehr gering. Levi wusste, dass der Schatten jede Nacht an ihm saugte.
Das Gefühl, leer zu sein, wuchs. Es wurde größer und fraß sich in ihn hinein, und immer öfter rollten ihm

Tränen über die Wangen, ohne dass er genau wusste, warum.

Sein Psychiater hatte gesagt, er habe eine depressive Phase. Levi war egal, wie sie das nannten. Schuld war der Schatten.

Er sah den Insekten zu, die in der Luft schwirrten. Er beobachtete die Vögel in den Bäumen. Tag für Tag sah er den Pflanzen zu, wie sie wuchsen, um dem Sommer einen weichen Teppich zu bereiten.

Zuerst tauchte einer auf. Direkt vor Levi wurde die Luft dick, ein paar Pollen verfingen sich, und schon stand er da. Ein paar Sekunden später kamen der zweite und schließlich der dritte. Sie sahen Levi an. Er sah sie an.

»Helft mir.« Obwohl er flüsterte, war seine Stimme nur ein Krächzen. Es war merkwürdig, nach so langer Zeit wieder zu sprechen.

»DIE ERDE MUSST DU TRENNEN VOM FEUER, DAS FEINE VOM GROBEN.«

Levi warf unwillkürlich einen Blick über die Schulter, so laut erschien ihm das, was die Drillinge sagten. Aber niemand sah zu ihnen her.

»Ich verstehe das nicht.«

»GOTT IST DAS GESETZ. ALLES WURDE DURCH DAS GESETZ GESCHAFFEN. DAS WORT IST DAS LEBEN, DAS FEUER UND DAS LICHT. UND DAS LICHT SCHEINT IN DER FINSTERNIS.«

Levi begann zu weinen. Ich verstehe nicht, dachte er immer und immer wieder. Ich verstehe euch nicht!

Die Drillinge richteten gleichzeitig ihre Blicke neben Levi.

Als er ihnen folgte, verpuffte der Schatten neben ihm. Danach waren die Drillinge fort.

Er blieb sitzen und dachte über das nach, was sie gesagt hatten. Es wollte keinen Sinn ergeben. Aber Levi fühlte, dass es wichtig war. Und er wollte nicht so dumm sein wie die Erwachsenen, die nur immer begreifen wollten, statt das zu glauben, was nicht sichtbar ist.

Als an diesem Abend der Schatten mit der Nacht kam, sah Levi ihn lange an. Gegenüber im Bett lag Knut und holte sich einen runter.

»Gott ist Gesetz«, murmelte Levi, »also auch euer Gesetz, ihr Scheißschatten. Das Licht scheint im Dunkeln und trennt das Grobe vom Feinen. Meine Worte sind fein, sie sind Leben, Feuer und Licht. Also verschwindet gefälligst!«

Der Schatten verschwand. Es ging so schnell, dass Levi mehrmals blinzelte, um sicher zu sein. Als er zu Knut sah, wurde ihm klar, dass er auch seinen Schatten vertrieben hatte.

Levi lächelte zum ersten Mal seit Wochen.


Er begann wieder mit den Leuten zu reden. Levi sagte zwar nicht viel, aber er antwortete zumindest.

Dem Psychiater erzählte er nichts mehr von dem, was er sehen konnte. Er sagte, es sei weg. Und tatsächlich konnte er mithilfe der Worte die Schatten vertreiben.

13.07.1996

In der achten Woche durfte er das erste Mal am Wochenende nach Hause.
Seine Mutter holte ihn am frühen Nachmittag ab, Levi saß auf dem Beifahrersitz und sah zum Fenster hinaus. Als sie wieder an der Tankstelle auf der Autobahn hielten, bekam er zum Nachtisch ein Eis. Seine Mutter betrachtete ihn immer wieder verstohlen.
»Wie geht es dir?«, fragte sie, als Levi aufgegessen hatte.
»Gut.«
»Du siehst diese Dinge nicht mehr?«
Levi erwiderte ihren Blick nur. Er brachte es nicht über sich, sie anzulügen. Seine Mutter schien das als Bestätigung anzusehen. Sie seufzte erleichtert.
»Die Ärzte sagen, du benimmst dich ganz normal. Keine Aussetzer mehr. Keine schlaflosen Nächte. Die Tabletten wirken, was?«
Levi zuckte mit den Schultern. Er wischte sich den Mund an der Serviette ab und legte sie in die leere Eisschale.
»Wie sind die anderen Kinder so?«
»Knut aus meinem Zimmer wichst die ganze Zeit.«
Seine Mutter riss die Augen auf. Sie sah sich um, ob jemand das Gesagte gehört hatte. »So was sagt man nicht«, raunte sie. »Wirklich, woher hast du nur solche Worte?«
»Ich sage, wie es ist.«
»Das kann man aber auch schöner sagen. Und manchmal sollte man Sachen gar nicht aussprechen.«
»Dann hör du auf, mit Hilda über den toten Onkel Bert so schlecht zu reden.«

Seine Mutter sah ihn an. Levi erwiderte ihren Blick, stand auf und ging um den Tisch herum.
»Ich gehe schon mal zum Auto.«
Er marschierte hinaus und lehnte sich gegen den Wagen. Seine Mutter kam fünf Minuten später und schloss auf. Sie fuhren weiter.
Nach einiger Zeit sagte seine Mutter: »Erkennst du jetzt, dass es gut war? Dass ich dich in die Klinik gebracht habe, um dir zu helfen?«
Levi sagte nichts. Er sah auf seiner Seite zum Fenster hinaus. Er wünschte sich, er wäre schon daheim, damit er Phil anrufen könnte.
»Du bist jetzt gesund. Wer weiß, was passiert wäre, wenn wir das nicht getan hätten. Es war nicht leicht für alle von uns, für dich war es bestimmt am schwersten, aber es war richtig.«
Sie kamen in der Abenddämmerung an. Hilda hatte Pfannkuchen gemacht, der Tisch war schon gedeckt.
Levi lief in sein Zimmer hinauf, legte sich kurz auf sein Bett, nur um sicher zu sein, dass er wirklich daheim war, und dann ging er Hände waschen. Er aß vier Pfannkuchen, fühlte sich danach so dick wie ein Ballon. Er lief ins Wohnzimmer zum Telefon.
»Hallo Phil, hier ist Levi«, sagte er, als er seinen Freund am Apparat hatte.
»Mann, wo warst du denn so lange? Ich dachte schon, sie hätten dich endlich verkauft! Deine Mutter sagte, du wärst in einem Krankenhaus. Geht's dir gut?«
»Schon. Hast du morgen Zeit?«
»Klar, Mann. Ich vergammle hier vor Langeweile. Tim hat

letzte Woche den Briefkasten der Ulrichs in die Luft gejagt. Maaaann, das hättest du sehen sollen! Die Teile sind bis zu unserem Haus geflogen, ein Riesenknall war das! Fred hat erzählt, dass seine Oma gemeint hat, die Russen würden kommen.« Phil lachte.
Levi grinste. »Tim ist ein Idiot.«
»Ja. Total überdreht. Der braucht 'ne Prise Speed, damit er runterkommt.«
Sie lachten.
»Letztens stieg eine Party bei Fred, also eigentlich bei seinem großen Bruder, aber wir haben uns für zwei Stunden eingeschlichen. Du hast vielleicht was verpasst! Weiber ohne Ende!«
»Soll ich morgen zu dir kommen oder kommst du her?«
»Ich komm zu dir. Ist besser. Ich ruf dich morgen noch mal an, wenn ich wach bin, okay?«
»Ja.« Levi legte auf.
Seine Mutter stand hinter ihm. »Möchtest du mit uns einen Tee trinken vor dem Schlafengehen?«
Levi begriff, dass das eine Aufforderung war. Er folgte ihr in die Küche und setzte sich auf seinen Platz. Seine Mutter brachte ihm Früchtetee ohne Zucker. Er sah zwischen seiner Mutter und seiner Tante hin und her.
»Wir möchten, dass du uns ein bisschen was erzählst«, sagte Hilda. »Deine Mutter hat dich jetzt über zwei Monate nur immer ganz kurz gesehen, ganz zu schweigen davon, dass du eine ganze Weile nicht mit ihr gesprochen hast.«
Seine Mutter nickte. »Ja, mein Junge, erzähl uns doch ein bisschen was. Ich will sehen, ob wir dich überhaupt wieder in die Klinik bringen müssen am Sonntag.«

Das ließ ihn aufhorchen. Levi rückte auf dem Stuhl nach vorn, sah in den Tee hinein und überlegte. Jetzt musste er jedes Wort mit Bedacht wählen.

»Es ist nicht mehr schlimm, in der Klinik zu sein. Die Natur da ist schön, ich bin viel draußen. Mit den anderen Kindern kann ich nicht spielen, sie sind alle ziemlich komisch. Sie sind krank, richtig krank. Nur ein Mädchen kenne ich, das ist wie ich. Aber sie bekommt manchmal Angst und Panik, und dann muss man sie mit den Spritzen beruhigen.«

»Glaubst du, es sind die Tabletten, die dir geholfen haben?«

Levi zuckte mit den Schultern. »Vielleicht.«

»Du schläfst jetzt immer ganz brav, richtig?«, fragte Hilda.

Er nickte.

Seine Tante sah ihre Schwester an. »Weißt du, was mir auffällt, jetzt, wo ich ihn so lange nicht mehr gesehen habe? Er ist in die Höhe geschossen. Er ist bald so groß wie du. Und er wirkt ernst. Sehr viel ernster als vorher.«

»Ich habe viel gelernt dort«, sagte Levi.

»Das hast du.« Seine Mutter tätschelte ihm den Kopf. »Willst du denn wieder zurück in die Klinik?«

Levi sah sie ruhig an. Er wusste ganz genau, was er sagen musste: »Ich weiß es nicht. Es ist nicht schlimm dort. Wenn ihr meint, ich soll wieder gehen, dann gehe ich. Lieber bin ich hier, aber ich werde auf euch hören.«

Ein Strahlen trat in die Augen seiner Mutter.

Sie tranken den Tee, Hilda erzählte von den Ausflügen, die sie und seine Mutter in seiner Abwesenheit gemacht hatten, und dann ging Levi ins Bett. Er lag eine Weile wach, starrte in die Dunkelheit und merkte, dass er sich hier nicht mehr daheim fühlte.

14.07.1996

Sie saßen auf dem Spielplatz auf den Schaukeln. Phil versuchte, einen Überschlag zu machen, aber er schaffte es nicht. Levi hielt eine Zigarette zwischen den Fingern und paffte.
»Deine Mutter hat meine angerufen«, sagte Phil.
Levi sah ihn an. »Hä?«
»Ja. Sie haben über uns geredet.« Phil sprang von der Schaukel und stieß einen keuchenden Laut aus, als sich seine Fersen in den Sand gruben. Mit rotem Kopf drehte er sich zu Levi um. »Meine Mutter hat mir nicht viel erzählt, nur, dass ich es ihr sagen soll, wenn du komisch wirst.«
Levi sah auf seine Füße hinunter.
»Was meint sie damit?«
Er zuckte mit den Schultern.
Phil nahm ihm die Zigarette ab, nahm einen Zug und riss an einer der Ketten von Levis Schaukel. »Jetzt erzähl schon! Wo warst du? Warum sollst du komisch werden?«
»Mann, lass mich doch in Ruhe!«
Sie sahen sich einen Moment lang an, dann winkte Phil ab und gab ihm die Zigarette zurück.
»Was soll ich den anderen erzählen? Alle haben gefragt, wo du bist.«
»Sag ihnen, dass ich im Knast war.«

»Ja, Mann. Banküberfall und so was. Du bist mit einem Gaul geflohen, aber das Vieh war lahm.« Phil lachte. Er ging näher an Levi heran. »Es gibt da eine Kleine«, flüsterte er. »Sie schreibt mir im Unterricht ständig Zettelchen, und in Physik hat sie sich neben mich gesetzt.«
»Sieht sie gut aus?«
»Und wie! Aber sie hat überall Sticker von Pferden. Voll kindisch.«
»Du hast überall Sticker von Fußballern.«
»Das ist was anderes. Fußball kann man immer schauen, das ist nicht kindisch.«
»Reiten kann man nicht immer?«
»Doch, Alter. Aber irgendwann muss Frau umsteigen von Pferd auf Phil.« Er lachte und nahm Levi wieder die Zigarette weg.
»Wirst du sie küssen?«
»Klar, mitten im Physikunterricht. Herr Lehrer, ich muss kurz pausieren, die Alte neben mir braucht es!«
»Du bist blöd!«
»Nein, du bist blöd. Was ist das schon für eine beschissene Frage? Wenn ich kann, schlage ich zu, ist doch klar!«
»Der Kerl, mit dem ich ein Zimmer teile, wichst ständig.« Phil hielt inne. »Was? Du teilst dir ein Zimmer mit einem Kerl?«
»Ja. Er ist älter als ich, zwei Jahre. Aber total zurückgeblieben.«
Sein Freund verengte die Augen. »Sag mal, bist du in der Klapse?«
Levi schwieg.

Phil hielt ihm die Zigarette hin. »Ja, krass, Alter! Aber warum?«
»Das weiß nur Gott. Und meine Mutter.«
»Ich glaub eher, dass deine Mutter einen an der Waffel hat.«
»Red nicht so über sie!«
»Sorry. Aber es macht keinen Sinn. Bevor ich dich in die Klapse stecke, weise ich dreimal Tim da ein! Ehrlich!«
Levi nahm einen Zug von der Zigarette.
»Keine Bange«, sagte Phil und klopfte ihm auf die Schulter, »das bleibt unter uns. Jetzt bist du ja wieder da.«
»Wahrscheinlich muss ich Sonntag wieder hin.«
Phil verdrehte die Augen. »Ich check das nicht!«
»Ich auch nicht.«
»Was geht da so ab? Erzähl!«
Er zuckte mit den Schultern. »Nicht viel. Wir haben ganz normal Unterricht, na ja, normal ist da nix. Es ist wie daheim, nur dass man ständig unter Beobachtung steht. Und dass die Kids um einen rum jeden Moment anfangen können durchzudrehen.«
»Macht einen das nicht fertig?«
»Es geht.«
Phil griff in seine Hosentasche und zog einen Edding heraus. »Komm, gehen wir ins Holzhaus rüber, ich muss dir mein neues Tag zeigen.«
Levi sprang von der Schaukel. »Du hast schon wieder ein neues? Du kannst doch nicht mal sprayen!«
»Als wär das wichtig. Jetzt komm!«
Sie liefen hinüber und setzten sich nebeneinander in das Häuschen. Phil fing an, auf die Bretter zu schreiben.

15.07.1996

Am Sonntag sagte ihm seine Mutter nach dem Mittagessen, dass sie ihn nicht wieder in die Klinik bringen würden.
»Ich habe schon mit dem Arzt dort telefoniert. Er hätte es gern gesehen, dass du noch einmal für ein paar Wochen kommst, aber ich halte das nicht für nötig. Du kannst auch hier zu einem Psychiater gehen. Und du kannst wieder ganz normal die Schule besuchen.«
Levi konnte seine Erleichterung nicht verstecken. Ihm schossen Tränen in die Augen. Seine Mutter stand auf und umarmte ihn.

## 05.06.2012

Levi setzte sich auf sein Bett. Er sah zum Fenster hinaus, an dem er oft als Jugendlicher am Schreibtisch gesessen hatte, um Hausaufgaben zu machen. Karoline duschte. Ihr Koffer lag aufgeklappt auf dem Schreibtisch. Sie hatte nichts in die Kommode geräumt.

Es war das erste Mal seit seinem Auszug, dass er allein in seinem alten Zimmer saß. Es fühlte sich merkwürdig an. Ihm schien unbegreiflich, wie das sein Daheim hatte sein können.

Wieder fand sein Blick Karolines Koffer. Er sah zur Tür, die nur angelehnt war, und stand auf. Aus dem Erdgeschoss hörte er den Wasserkocher, seine Mutter machte den Gute-Nacht-Tee.

Die Kleidung war nicht zusammengelegt. Ein Buch lag obenauf, es sah zerlesen und fleckig aus. Ein Fantasy-Roman. Der bunte Hut lag auf dem Boden. Levi hob ihn auf und roch daran. Räucherstäbchen. Er legte ihn in den Koffer. Sein Blick fiel auf ein Heft, dessen Ecke unter der Kleidung hervorspitzte.

Er hörte die Dusche noch immer rauschen.

Vorsichtig hob er die Kleidung an und blickte auf das Heft. Es stand nichts darauf. Levi fühlte keine Regung, die dagegensprach, das Heft herauszunehmen. Er schlug es auf.

*LEVI* stand quer auf der ersten Seite. Die Buchstaben waren so oft nachgefahren, dass das Papier an manchen Stellen durchgerissen war. Levi spürte, wie ihm flau im Magen wurde. Er blätterte um.

›*Nichts*‹, stand dort. ›*Ich gebe nicht auf.*‹ Die Schrift sah sauber aus, ordentlich geführte Lettern. Nach einem Absatz ging es weiter: ›*Wohnt nicht mehr bei Mutter. Umgezogen.*‹ Wieder ein Absatz. ›*Exfreundin gefunden. Sie weiß nichts.*‹ Absatz. ›*Habe ihn.*‹ Danach kam nichts mehr.

Auf der nächsten Seite klebte ein Foto, das ihn zeigte. Er saß zurückgelehnt an einer Hauswand in der Innenstadt, ein Bier in der Hand. Er konnte sich nicht an diesen Abend erinnern. Darunter stand: ›*Säufer.*‹

Nächste Seite. Wieder ein Foto, es war verschwommen. Darauf ging er eine Straße hinunter im Dämmerlicht, seinen Rucksack auf dem Rücken. ›*Gang in die Stadt. Besäufnis.*‹

Die nächste Seite war voll mit Text. Levi las zwar, was dort stand, aber er hatte das Gefühl, alles nur zu beobachten, so als sei er nicht mehr Herr über sich selbst.

›*Er sitzt unter vielen Menschen, ohne dass ihn jemand wahrnimmt. Die Leute können dicht bei ihm sitzen, aber sie sehen ihn nicht.*

*Er säuft wie ein Irrer. Er übergibt sich oft.*

*Keine erkennbaren Hobbys. Keine Freunde. Überhaupt scheint er keine sozialen Kontakte zu haben. Solange ich ihn nun beobachte, hat er auch seine Mutter nicht besucht. Alles, was er tut, ist schlafen und saufen.*

*Keine Ausraster. Lärm scheint ihm nichts auszumachen.*

*Auch Diskolicht nicht, in dem er oft stundenlang sitzt, ohne sich zu rühren.*
*Manchmal starrt er minutenlang blicklos vor sich hin.*
*Manchmal sieht er gezielt irgendwohin, dann scheint es, als sähe er etwas. Für mich ist nichts erkennbar.*
*Keine großen erkenntlichen Geldausgaben, außer der Sauferei. Er raucht auch. Drogenkonsum ungewiss.‹*
Er blätterte weiter. Es folgten mehrere Fotos, die ihn in unterschiedlichen Momenten zeigten. Meistens war es Nacht und er hatte ein Bier in der Hand. Unter jedem Foto stand entweder ein Datum oder eine Notiz.
Bei einem Foto stoppte er. Er lag nackt in Karolines Bett und schlief. Auf dem Boden daneben lag der bunte Hut. Unter dem Bild stand: ›*Strike!!!*‹
Levi schloss das Heft. Er stand einige Sekunden erstarrt am Fenster. Mehrmals schluckte er, aber seine Kehle blieb trocken. Als wollte er einen Wattebausch durch ein verkalktes, uraltes Wasserrohr schieben.
»Darf ich es dir erklären?«
Er fuhr herum. Karoline stand mit nassen Haaren an der Tür.
»Erinnerst du dich an deinen ersten Aufenthalt in der Klinik für psychotische Kinder?«
Levi starrte sie an. Ihm war übel.
Sie machte einen Schritt auf ihn zu, er wich bis zum Schreibtisch zurück. Karoline hob die Hände und blieb stehen. Es wirkte, als wollte sie einem verunsicherten Kind Ruhe einflößen.
»Weißt du noch, dass du dort eine Pflegerin namens Tina hattest? Ich bin ihre Tochter. Sie hat mir von dir erzählt,

denn sie konnte dich nie vergessen. Darum habe ich dich gesucht. Mein Stiefvater hat sie geschlagen, und du hast ihr das damals prophezeit. Sie starb vor zwei Jahren, sie hat sich umgebracht. Daraufhin habe ich mich auf die Suche nach dir gemacht.«
»Du bist zu alt.« Ein Wattebausch-Flüstern.
»Ich bin die ältere Tochter. Die Geburt meiner kleinen Schwester, der Tochter meines Stiefvaters, hast du vorhergesehen. Meine Schwester hat sich auch das Leben genommen.«
Sekunden verstrichen. Dann drehte Levi sich um. Er packte den Koffer, riss ihn hoch und schlug ihn mit aller Kraft gegen die Kommode. Das Hartplastik riss eine Kerbe ins Holz. Die Kleidung flog durch das Zimmer und landete auf Tisch, Stuhl, Boden und Bett, als wollte sie alles zudecken.
Karoline schrie auf und hob die Arme schützend über den Kopf.
Levi ließ den Koffer auf den Boden fallen. Er machte einen Schritt auf Karoline zu und stierte sie zornig an.
»Wenn ich zurück bin, bist du verschwunden.«
Er lief aus dem Zimmer, die Treppe hinunter und ging an seiner Mutter vorbei, die im Flur stand. Er griff nach seiner Jacke.
»Was war das für ein Krach? Levi, was ist los?«, fragte sie, aber er war schon draußen und lief durch die Nacht davon.

## 06.06.2012

Levi kam im Morgengrauen zurück.
Seine Mutter war wach. Sie saß in der Küche und trank Kaffee, trug nur ihren Schlafanzug und den Morgenmantel. Ihr Haar war durcheinander. Mit roten Augen sah sie ihn an; sie hatte wieder geweint.
Er nahm sich eine Tasse und goss sich Kaffee ein. Sein Blick war verschwommen, er war betrunken. Levi zog einen Stuhl unter dem Tisch hervor und ließ sich seiner Mutter gegenüber nieder.
»Ich habe Karoline gestern Abend zum Bahnhof gefahren.«
Seine Mutter sah ihn an, aber er erwiderte ihren Blick nicht. »Sie hat die ganze Fahrt über geweint. Sie sagte, es tue ihr leid. Sie wollte mir nicht sagen, was passiert ist, aber sie sagte, sie hätte einen Fehler gemacht.«
»Sei still.«
»Ich ertrage keinen Streit. Nicht jetzt.« Ihr liefen Tränen über die Wangen.
Levi trank vom Kaffee. Er wünschte sich einen Schuss Rum.
»Was hat sie gemacht? Ich dachte, ihr würdet so gut zusammenpassen. Es hat mich fast vergessen lassen, dass Hilda weg ist, euer Glück.«
Er sank im Stuhl nach unten und rieb sich die Augen. Die Schatten zogen durch die Küche, Levi vertrieb sie mit einem Gedanken.
»Junge, warum kannst du dein Glück nicht annehmen? In jeder Beziehung gibt es Streit, du musst ein bisschen einfühlsamer werden. Wir alle machen Fehler. Du bist immer gleich so rabiat und stur. Vielleicht ...«

»*Sei still!*«
Sein Brüllen schlug ein wie die herunterkommende Zimmerdecke vor etlichen Jahren. Seine Mutter schrumpfte im Sitzen.
Levi sprang auf und schubste den Stuhl um. Er trat nach ihm und beförderte ihn damit in die Ecke zwischen Tür und Porzellanschrank.
»Soll ich dir sagen, was sie gemacht hat? Willst du es unbedingt wissen? Sie ist die Tochter der Scheißpflegerin aus der Kinderklinik! Das ist sie! Und sie hat's mir nicht gesagt! Sie hat Buch über mich geführt, in allen Einzelheiten, mit Fotos! Sie hat mich nackt fotografiert, nachdem wir gevögelt hatten und ich eingeschlafen bin! Das hat sie getan!«
Levi schwankte, hielt sich an der Küchenzeile fest. Er fluchte.
»Ich habe ihrer Mutter damals gesagt, dass sie schwanger ist und einen Mann heiraten wird, der sie schlägt. Genau das ist passiert! Sie hat sich dann später umgebracht, und darum hat Karoline angefangen, mich zu observieren. Wer weiß, ob sie überhaupt Karoline heißt!«
Er trat gegen die Spülmaschine.
»Erzähl mir nicht von Sachen, die ich falsch mache! Das Einzige, was ich jemals falsch gemacht habe, war, den Mund aufzumachen! Ich hätte mir die Zunge aus dem Maul beißen sollen, als sie damals mit den Spritzen kamen! Da wusste ich schon, wie fatal es ist, zu reden und anderen Leuten von sich zu erzählen! Weißt du was?«
Levi kam zurück an den Tisch, stützte sich ab und sah seine Mutter an. »Du und Tante Hilda, ihr hättet mich

damals wieder in die Klinik bringen sollen. Vielleicht wäre ich draufgegangen an den Drogencocktails, die sie da verabreicht haben. Dann wärst du deinen irren Sohn los und ich diese verdammte Scheißwelt!«
Er spuckte vor seiner Mutter auf den Tisch. Bevor er das Zimmer verließ, nahm er seine Kaffeetasse und warf sie in den Ausguss, so dass sie zerschellte. Er trat noch einmal nach der Spülmaschine.
Levi lief in sein altes Zimmer hinauf, schlug die Tür in die Angeln, sperrte ab und fiel wie ein gefällter Baum auf das Bett.

**07.06.2012**

Er schlief fast den ganzen nächsten Tag. Als er gegen Abend erwachte, stand er auf, ging auf die Toilette, kehrte ins Zimmer zurück und sperrte wieder ab. Er setzte sich an den Schreibtisch vor dem Fenster und starrte hinaus. Mehrmals hörte er, wie seine Mutter vor seinem Zimmer stehenblieb, aber weder er noch sie sagten etwas.
Als er zu müde wurde, um sitzen bleiben zu können, ging er zurück zum Bett.
Die Drillinge standen bei der Kommode und sahen ihn an. Er ignorierte sie, legte sich hin und starrte an die Decke hinauf.
»SEI STILL UND DENKE DARAN: ICH BIN GOTT.«
»Die Lektion mit dem Stillsein hab ich gelernt«, murmelte Levi. »Und dass ihr größenwahnsinnig seid, das wusste ich schon.«

»ICH BIN DIE WAHRHEIT, DER WEG UND DAS LEBEN.«
»Verpisst euch.«
»ES STEIGT VON DER ERDE ZUM HIMMEL UND KEHRT ZURÜCK, DAMIT ES DIE MACHT DES OBEREN UND DES UNTEREN EMPFANGE.«
Levi presste sich die Hände auf die Ohren, obwohl er wusste, dass das nicht half. Die Stimme kam anders, sie ging nicht über sein Trommelfell, nicht über den Schall. Aber es herrschte jetzt Ruhe.
Die Drillinge waren weg.

**08.06.2012**

In der Nacht gegen vier Uhr ging er hinunter. Der Durst trieb ihn. Die Tür zur Küche war angelehnt, ein schmaler Lichtstreifen fiel in den Flur. Levi hörte seine Mutter schluchzen.
Er schob die Tür auf und blieb einen Moment stehen. Seine Mutter saß auf ihrem Platz, das Gesicht in den Händen vergraben, vor ihr lagen zerknüllte Taschentücher. Ihre schmalen Schultern zitterten.
Levi ging zu ihr, kniete sich neben ihren Stuhl und legte seinen Kopf auf ihren Schoß. Sie wandte sich zu ihm um, strich ihm durch das Haar, und sie weinten lange gemeinsam.

Am Tag der Beerdigung regnete es in Strömen.
Sehr viele Leute versammelten sich in der Kirche, schüttelten seiner Mutter und ihm die Hände, bekundeten ihr Beileid und sagten, wie sehr Hilda in der Kirchengemeinschaft, im Frauenkreis, im Häkelkreis, im ortsansässigen Buchclub und eigentlich überall fehle.
Die Zeremonie war langwierig. Der Pfarrer sagte nicht viel Persönliches über Hilda, er redete allgemein über den Tod und wie erleichternd dieser für gequälte Seelen sei. Immer wieder mussten sie im Laufe der Zeremonie aufstehen, und Levi war immer einer der letzten, der das tat. Er fühlte sich schwerfällig.
Seine Mutter war gefasst. Sie weinte leise und tupfte sich die Wangen mit einem Taschentuch ab. Die Freiwillige Feuerwehr, der Hilda nach dem Tod ihres Mannes treu geblieben war, erwies ebenfalls ihren Salut und senkte die Flagge vor dem Sarg.
Nach der Messe folgte das letzte Geleit. Die Sargträger gingen voran, danach kam der Pfarrer mit den Ministranten, dann Levis Mutter und er. Ein Teil der Gottesdienstgemeinschaft schloss sich ihnen an. Als sie am Grab ankamen, waren die meisten gegangen. Ein paar Freunde Hildas standen dabei, ansonsten waren sie allein.
Der Sarg wurde gesenkt, und seine Mutter lehnte sich an ihren Sohn. Levi nahm sie in den Arm, sie konnte sich nicht länger zurückhalten und begann wieder bitterlich zu weinen.
Levi sah Phil auf sich zukommen, sein Freund trug einen schwarzen Anzug. Er schüttelte seiner Mutter die Hand.

»Mein Beileid«, sagte er.
Levis Mutter lächelte schwach. »Danke. Schön, dass du kommen konntest. Levi und ich brauchen jetzt Freunde. Entschuldigt mich aber bitte jetzt, ich muss noch ein paar Leute begrüßen.« Sie wandte sich ab, wischte sich wieder die Augen.
Levi sah Phil an. »Warst du in der Kirche auch schon dabei?«
»Ja. Schlimm, diese ewigen Heuchelreden.«
Er nickte und beobachtete, wie seine Mutter einer alten Frau die Hand gab. »Manche Leute brauchen das, um die Trauer bewältigen zu können.«
»Und jetzt geht es zum Leichentrunk?«
»Ja. Hier im Ort im Wirtshaus. Das ist jetzt der eigentlich schlimmste Teil.«
Phil seufzte. »Ich bin an deiner Seite, Mann.«
»Danke.«
Sie waren die letzten am Grab. Nebeneinander verließen sie den Friedhof. Als sie schon fast durch das eiserne Tor getreten waren, sah Levi eine Bewegung aus den Augenwinkeln. Schräg hinter ihnen stand eine Gestalt mit einem schwarzen Hut. Er erkannte Karoline sofort.
»Warte auf mich«, sagte Levi zu Phil und ging zurück. Er blieb drei Meter vor ihr stehen.
Sie war durchnässt, das Haar hing ihr strähnig herunter, genau wie beim letzten Mal. Sie hatte eine rote Nasenspitze, war ansonsten bleich.
»Wenn es etwas gibt, das ich tun kann, um es wiedergutzumachen, dann sag es mir bitte.«
»Warum bist du hier?«

»Es wäre nicht richtig gewesen, nicht zu kommen. Wir haben ein paar innige Tage verbracht, deine Mutter, du und ich.«
»Geh.« Er drehte sich um.
»Levi, bitte!« Sie lief ihm nach und griff nach seinem Arm. »Ich wollte doch nur verstehen! Mama hat ständig von dir geredet, vor allem die Wochen vor ihrem Selbstmord. Wir ... Levi, da ist mehr zwischen uns beiden! Lass nicht zu, dass mein Fehler das zerstört!«
»Lass mich los!«
Sie nahm die Hand zurück. Tränen glänzten in ihren Augen. »Bitte, verzeih mir.«
Levi ging. Er sah, dass Phil unschlüssig stehenblieb und zwischen ihnen hin und her sah. Levi bedeutete ihm mit dem Kopf mitzukommen, und gemeinsam gingen sie zu ihren Autos. Sie stiegen ein und fuhren nacheinander vom Parkplatz, in Richtung des Gasthauses.


»Du bist so ein unglaublich sturer Bock.« Phil schob sich ein Stück Knödel in den Mund. »Warum hast du mir immer vergeben und anderen nie?«
»Du hast mich nie angelogen.«
»Alter, es gibt nicht viele Freundschaften auf dieser Welt, in denen es keine Unwahrheiten oder Geheimnisse gibt.«
»Aber das ist eine Lüge, die alles verändert.«
»Wo ist der Unterschied?«
»Eine Lüge zum Selbstschutz ist in Ordnung. Eine Lüge aus Scham ist in Ordnung.«

»Klar, sonst müsstest du dich selber anklagen. Du lügst doch ständig.« Phil schielte auf Levis Teller. »Isst du deinen Veggie-Knödel da nicht? Der sieht so einsam aus in seinem See aus Soße.«
Levi schüttelte den Kopf. Phil griff zu.
»Ich will gar nicht wissen, wie viele Lügen du allein deiner Mutter aufgetischt hast. Sie dürfte längst nicht mehr mit dir reden, wenn sie so wäre wie du.«
Levi sah zu seiner Mutter hinüber. Sie saß zwischen den Leuten aus dem Dorf, die sie eingeladen hatte. »Wir reden auch nicht mehr sehr viel. Und Karoline ist nicht meine Mutter.«
»Aber das ändert nichts an deiner Doppelmoral.« Phil hielt beim Essen inne und trank einen Schluck von seinem Bier. »Überschlagen wir mal. Du bist bald dreißig. Du wohnst allein. Dein einziger Freund lebt inzwischen auf einem anderen Kontinent. Du hast nicht mal Haustiere. Deine Gesprächspartner sind die Drillinge, die merkwürdige Dinge zu dir sagen und die ja eigentlich nicht existieren. Du hast keinen Job, keine Beschäftigung.« Phil tat so, als rechne er etwas zusammen. »Du hast Recht! Du kannst es dir erlauben, verbohrt zu sein.«
Levi nippte an seinem Tee, in den er sich einen ordentlichen Schuss Rum hatte geben lassen. »Du hörst dich nach ihrem Heft an, das sie über mich geschrieben hat. So ähnlich hat es da auch gestanden.«
»Na also. Die Kleine hat Mitleid mit dir bekommen, will nett zu dir sein und mag dich tatsächlich, und du benimmst dich wie ein Wahnsinniger, schlägst um dich

und wirfst sie raus. Und dann kannst du nicht mal eine Bitte um Verzeihung annehmen!«
»Du verdrehst die Tatsachen.«
»Nein. Ich ziehe Bilanz.«
Levi lehnte sich im Stuhl zurück. Wieder sah er zu seiner Mutter hinüber. Eine der Frauen hielt ihre Hand und nickte auf jedes Wort, das seine Mutter sagte.
»Ist es für dich wirklich in Ordnung, wenn wir noch ein, zwei Tage bei meiner Mutter bleiben?«
Phil verdrehte die Augen. »Klar, selbstverständlich. Wie gesagt, wir müssen die Kritzeleien im Sandkastenhaus erneuern.«
Levi lächelte. »Es ist wirklich wie früher. Meine Mutter darf nicht merken, dass ich trinke.«
»Ha!« Phil zeigte mit dem Messer auf ihn. »Schon wieder eine Lüge! Deine Mutter wäre bestimmt enttäuscht, das zu erfahren.«
»Drohst du mir?«
Ein Grinsen entblößte Phils Zähne. Er hatte Essensreste in den Zwischenräumen. »Das ist gar keine schlechte Idee.«
Levi hob nur die Brauen.
»Wann wirst du Karoline also anrufen?«, fragte Phil.
»Gar nicht.«
»Ich bekomm dich schon noch weich.«
»Beiß dir nicht die gebleichten Zähnchen aus.«
»Ich bin Zähneknirscher. Du unterschätzt, wie das den Kiefer trainiert.«
Levi rutschte mit dem Stuhl zurück. »Ich gehe eine rauchen.«

Phil legte das Besteck auf den Teller. »Ich komme mit.«
»Du hast noch gar nicht aufgegessen.«
Er winkte ab. »Ich hab schon keinen Hunger mehr, seit ich mit deinem Knödel angefangen habe.«
Sie gingen hinaus.

04.07.1999

Er lernte sie auf einer Party kennen.
Phil feierte seinen achtzehnten Geburtstag und den bestandenen Führerschein in einer kleinen Hütte auf dem Land. Sie waren an die fünfzig Leute und blieben von Freitagabend bis Sonntag.
Levi saß die meiste Zeit am Lagerfeuer. In der Morgendämmerung auf Samstag hatte er sich in die Hütte geschleppt und auf dem Klappbett, das Phil ihm reserviert hatte, ein paar Stunden geschlafen.
Nach dem Grillen am Samstag setzte sich Tim, sein ehemaliger Klassenkamerad, am Lagerfeuer neben ihn und schüttete ihm dabei sein halbes Bier über den Schoß.
»Idiot!«
»Hat jemand ein Tempo?«, schrie Tim lachend. »Oder vielleicht zwei?«
»Zu spät, Mann. Die Siffe hat sich schon in meine Jeans gesaugt.«
Tim stieß ihm den Ellbogen in die Seite. »Siehst du die Kleine da drüben? Die mit den kurzen Haaren? Die krall ich mir heut noch.«
»Träum weiter. Nicht deine Liga.«
»Ach was! Sie ist scharf auf mich.«
»Und das erkennst du woran?«

»An den Blicken, die sie mir zuwirft.«
»Das nennt man Verachtung.«
»Alter!« Tim sah Levi an. »Gehst du mich an, oder was?«
Levi erwiderte den Blick.
*Er sah ihn an einem Tisch im Wirtshaus sitzen, umgeben von anderen in Trachtenkleidung. Sie waren betrunken. Über ihnen hingen ausgestopfte Tiere und Schützenvereinsurkunden. Die Schatten waberten um ihre Köpfe.*
Levi sah weg. »Lass mich doch einfach in Ruhe.«
»Was geht denn mit dir? Haben sie dir was ins Bier getan? Komm mal klar, du Spastiker!« Tim rappelte sich auf und ging davon.
»Wie hast du das geschafft?« Die Kleine mit den kurzen Haaren setzte sich neben Levi. Sie brachte ihm eine Flasche Bier mit. Er sah, dass sie einige Armbänder trug. Sie schlug die Beine unter, ihr Knie berührte seins.
»Was?«
»Den Trottel so schnell loszuwerden. Wie geht das?«
Levi grinste. »Nicht schwer. Er hat Minderwertigkeitskomplexe, und wenn man ihn da trifft, geht er.«
»Manche schlagen auch zu, wenn man sie da trifft.«
»Ich hab auch nicht gesagt, dass du drauftreten sollst auf seine Komplexe. Ein leichter Druck genügt.«
»Ich heiße Kathi.«
»Levi.«
»Joint?«
»Sorry. Da musst du dich an die anderen wenden. Der da hinten mit dem Cap hat Dope, glaub ich.«
Sie lachte und hielt einen Joint hoch. »Ich meine, ob du auch ziehen willst.«

Er sah sie an. »Dann bist *du* also die mit dem Zeug und nicht der Typ da.«

Sie lächelte und hielt ihm weiterhin den Joint hin. »Na?«

Levi schüttelte den Kopf. »Danke, aber ich komm auf das Zeug nicht klar. Bier ist vollkommen ausreichend.«

»Biertrinker werden aggressiv.«

»Kiffer passiv.«

»Und was ist jetzt besser?«

»Ich würde sagen, nichts davon. Die Mitte macht's.«

Sie zuckte die Schultern und zündete den Joint an. »Was passiert, wenn du was rauchst?«

»Ich fühle mich dann einfach nicht gut.« Die Schatten nehmen überhand, fügte er in Gedanken hinzu.

Sie zeigte zur Seite. Ein Mädchen lief hinter Phil her, sie hielt etwas in der Hand. Phil stolperte immer wieder im hohen Gras, das Bier in seiner Hand schäumte über. Das Mädchen kicherte.

»Lippenstift und Wimperntusche. Sie wollen ihn schminken. Ich hab ihnen gesagt, dass sie warten sollen, bis er schläft.«

Levi grinste. »Selbst dann wird es schwierig. Er hört auch dann einen Floh furzen.«

Sie sah ihn von der Seite an. »Bist du etwa dieser ominöse beste Freund von Phil? Der, den man kaum zu sehen bekommt?«

Er zuckte mit den Schultern. »So ominös bin ich nicht.«

»Doch! Wir waren bestimmt schon zehnmal zusammen fort, aber nie hab ich deine Bekanntschaft geschlossen. Du tauchst in der Disko unter wie ein Frosch, der sich im Schlamm versteckt.«

»Hübsches Bild.«
»Ist mir spontan eingefallen. Die Vollärsche um Tim reden nicht allzu gut von dir.«
»Echt? Komisch.«
»Du bist doch mit ihnen in die Klasse gegangen, oder nicht?«
»Ja. Eine Weile.«
»Sie sagen, dass du arrogant bist.«
»Die Leute neigen dazu, diejenigen für arrogant zu halten, die nichts mit ihnen zu tun haben wollen.«
»Bist du's denn?«
»Ich glaube, ich bin eher eigensinnig.«
»Phil jedenfalls hält viel von dir. Wir können zwei Monate im Voraus was planen, aber wenn du anrufst, hat das alles kein Gewicht mehr. Du gehst immer vor.«
»Vielleicht sagen sie deshalb, dass ich arrogant bin.«
»Vielleicht.« Sie nahm einen besonders tiefen Zug vom Joint, behielt den Rauch eine Weile in der Lunge. »Du siehst jünger aus als Phil.«
»Ich bin auch jünger. Zwei Jahre.«
»Stimmt, irgendwer hat mal gesagt, dass Phil erst mit sieben eingeschult wurde. Er ist eh ein ganz schöner Spätzünder, was? Man munkelt, dass er es noch nie getrieben hat.«
»Da munkelt man wieder mal was Falsches.«
»Sagst du jetzt, weil du sein Freund bist.«
»Ja. Und weil ich verdammt noch mal im gleichen Zimmer war.«
Sie lachten.
»Hast du eine Freundin, Levi?«

Er sah sie an. Sie war schön. »Nein.«
»Dann würde ich vorschlagen, wir machen einen Spaziergang.«
Levi sah ins Feuer und nahm einen Schluck Bier.
»Gib mir jetzt bloß keine Abfuhr«, sagte sie und legte ihm eine Hand auf den Arm, senkte die Stimme. »Komm schon, lass uns ein bisschen rumlaufen. Muss ja nichts passieren.«
Er stand auf und hielt ihr die Hand hin. Sie warf den Joint ins Feuer und ließ sich aufhelfen. Nebeneinander gingen sie über die Wiese, kreuzten dabei Phils Weg, der noch immer davonlief. Inzwischen war aus dem Laufen allerdings ein Gehen geworden, mit vereinzelten Ausweichmanövern.
Sie spazierten um das Häuschen herum und einen Pfad entlang, der in einen lichten Wald führte. Es wurde dunkel. Kathi griff nach seiner Hand.
»Ich wollte einfach nur weg. Ist ja ganz lustig, aber nerven können die schon. Eine einzige Balz ist das.«
Levi trank von seinem Bier. Als er sie dieses Mal ansah, kam die Vision.
*Mit verschränkten Armen stand sie in einer Küche. Um sie herum herrschte Betriebsamkeit, Geschirr klapperte, Töpfe klirrten. Vor ihr stand ein junger Mann mit gesenktem Kopf. Sie redete auf ihn ein.*
»Kochst du gern?«
Sie hob die Brauen. »Wie kommst du jetzt darauf? Hast du Hunger?«
Er schüttelte den Kopf. »Einfach so.«
Nachdem sie ein gutes Stück zwischen den Bäumen

untergetaucht waren, stellte sich Kathi ihm in den Weg, nahm ihm die Bierflasche ab, warf sie ins Gebüsch und kam näher. Sie strich ihm durchs Haar, küsste ihn.
Levi zögerte. Bisher hatte er nur mit einem Mädchen geschlafen, und das vor einem halben Jahr in einem der größten Räusche seines Lebens. Er konnte sich kaum erinnern. Allerdings war da jetzt ihr Körper, der sich an seinen schmiegte, und wenn er es nicht jetzt tat, wann dann?
Er legte ihr die Hände auf die Hüften. Der Alkohol half ihm dabei, sich fallen zu lassen.


Danach lief sie vor ihm her, als würde sie flüchten. Erst als sie die Hütte erreichte, wartete sie, bis Levi zu ihr aufgeschlossen hatte, und nebeneinander kehrten sie zur Party zurück. Kathi verschwand in der Menge, ohne sich nach ihm umzublicken.
»Wo kommst du denn her?« Phil stand neben ihm. Außerhalb des Feuerscheins war es jetzt schon so dunkel, dass man kaum etwas sehen konnte.
»Ich war im Wald.«
»Im Wald?«
»Ich brauche ein Bier.«
Levi ging zum Eingang der Hütte, gefolgt von seinem Freund. Sie nahmen sich jeder eine Flasche und setzten sich nebeneinander auf eines der Klappbetten. Sie stießen an.
»Jetzt sag schon. Warst du austreten und hast dich verlaufen?«

Levi lachte. »So bescheuert bin ich auch nicht. Nein, ich war mit dieser Kleinen, mit Kathi ...« Er räusperte sich und hob die Brauen.
Phil starrte ihn an. »Kathi?«
»Ja.«
Phil sah sich um, sie waren allein. »Bist du total bescheuert? Kann man dich nicht mal für eine Stunde alleine lassen?«
»Warum?«
»Das ist die Braut von Benny! *Benny!* Der Kerl mit dem Dope! Mit den Armen wie Baumstämmen! Alter!« Phil fuhr sich mit beiden Händen über das Gesicht. Er stand auf. »Komm mit. Du musst hier weg. Wenn er das checkt, dann ...«
»Phil!« Levi lachte und zog seinen Freund zurück auf das Klappbett. »Komm runter, Mann. Der wird das nicht checken, wie denn auch? Weiß ja keiner.«
»Ich fahr dich zum Bahnhof, dann kannst du mit dem nächsten Zug heimfahren. Weiter kann ich nicht, ich hab bestimmt fünf Promille.«
»Jetzt hör schon auf. Alles easy. Keiner hat's gesehen.«
»Bist du sicher?«
»Ja. Jetzt ist mir auch klar, warum Kathi so schnell wieder zurückwollte.« Er grinste. »Komm, gehen wir wieder auf deine Party. Die Schnecke mit der Schminke wartet bestimmt schon auf dich.«
Phil seufzte. »Das nächste Mal, bevor du dich an eine ranmachst, frag mich vorher. Ist ja nicht zum Aushalten. Kathi! Hast wohl den Jackpot geknackt.«
Sie gingen nach draußen und setzten sich ans Lagerfeuer.

Beide sahen sich nach Kathi und Benny um und fanden sie in der Gruppe, die um den Grill stand. Sie kifften.
»Ich hab dir das Tape aufgenommen«, sagte Phil. »Mit allen Liedern, die du wolltest. Erinnere mich morgen daran, dass ich's dir gebe.«
»Kann's kaum erwarten reinzuhören.«
»Glaub ich dir. Ist wirklich cool geworden. Im Herbst sind sie auf Tour, wir sollten hingehen.«
»Ja, gute Idee. Wär' bestimmt lustig.«
In diesem Moment begann der Streit. Levi hörte zuerst gar nicht hin, aber als Phil den Kopf drehte, tat er es ihm nach.
»Ich weiß das von dir und der Schlampe!«, schrie Kathi ihren Freund an. »Du blöder Mistsack! Hast du geglaubt, ich lasse mir das gefallen? Von dir?«
Benny packte sie am Arm. »Was soll das heißen?«
Sie riss sich los. »Was wohl, du Spatzenhirn! Auge um Auge!«
Phil griff nach Levis Knie, ohne ihn anzusehen. »Hau ab«, sagte er leise. »Mach schon! Ich sammle dich später unten an der Straße auf. Treffpunkt Haltestelle.«
Levi stand auf. Noch hatte er nicht begriffen, was vor sich ging.
»Jetzt mach!«, zischte Phil. »Nimm die Beine ...«
»Mit dem Typen da drüben ist sie aus dem Wald gekommen«, sagte jemand und zeigte auf Levi.
Der stand am Lagerfeuer und starrte Benny und Kathi an. Neben ihm kam Phil auf die Beine. Die meisten um sie herum waren verstummt und beobachteten das Geschehen.

Benny und Phil bewegten sich gleichzeitig. Benny fing an, auf Levi zuzugehen, und Phil schob sich vor seinen Freund und streckte die Arme aus.

»Alter, ruhig!«, sagte er. »Das ist ein Missverständnis! Er wusste nicht, dass ihr zusammen seid!«

»Geh mir aus dem Weg!«, sagte Benny.

Er ist gar nicht so groß, dachte Levi. Als ich saß, hat er größer ausgesehen.

Tatsache aber blieb, dass Benny größer und muskulöser als Levi war. Außerdem stand eine trunkene Raserei in seinen Augen.

Kathi warf sich von hinten auf Bennys Rücken. »Es geht nicht um den Kerl da! Es geht um *uns!* Du hast mich betrogen, und jetzt komm runter und red mit mir!«

Er schüttelte sie ab wie ein Staubkorn aus den Haaren. Kathi landete auf dem Hintern und begann zu schluchzen.

»Mann, ich will hier keine Schlägerei«, sagte Phil. »Bitte, beruhig dich, Benny!«

»Geh mir aus dem Weg«, wiederholte Benny.

Levi packte Phil an den Schultern und schob ihn zur Seite. Er sah zu Benny auf und breitete die Arme aus, als wollte er ihn einladen zuzuschlagen.

»Hör auf!«, schrie Kathi. »Levi, das wollte ich nicht!«

Phil griff nach Levis Hand, vielleicht um ihn wegzuziehen, und in der gleichen Sekunde traf Levi der Faustschlag. Er taumelte zurück, verlor das Gleichgewicht und fiel um. Vor seinen Augen tanzten Schatten, er wusste nicht, ob es jene Schatten waren oder die Folgen des Schlages.

Benny trat nach ihm, traf ihn am Kinn. Levi schmeckte Blut.

»Aufhören!«, schrie jemand.

Die Stimmen kreischten durcheinander, Levi konnte sie nicht mehr auseinanderhalten. Er blinzelte mehrmals, dann bekam er einen Tritt in die Rippen. Er krümmte sich und schnappte nach Luft.

Die Schatten tauchten auf. Sie verdichteten sich, wie es Levi nicht einmal in der Klinik gesehen hatte. Sie legten sich um Benny, verschluckten ihn regelrecht. Levi konnte den Kerl überhaupt nicht mehr sehen.

Dann war es plötzlich vorbei. Eine Hand streckte sich Levi entgegen, und er ergriff sie, ließ sich aufhelfen. Es fiel ihm schwer, nicht wieder umzukippen. Vor ihm stand Phil, der aus einer Platzwunde an der Braue blutete.

Benny lag bewusstlos auf dem Boden. Kathi sank gerade neben ihm auf die Knie und redete heulend auf ihn ein.

»Meine Rechte darf man auch nicht unterschätzen«, sagte Phil, hielt die geballte Faust hoch und lächelte schief.

07.07.1999

Die Drillinge erschienen drei Tage später und sagten ihm, dass das Mädchen zu ihm käme.

Kathi rief ihn kurz danach an. Sie bat um ein Treffen, und am Abend des gleichen Tages beschlossen sie, eine ernsthafte Beziehung einzugehen.

18.09.1999

Die Partygäste lachten. Das Mädchen versuchte, den knappen Minirock zurechtzurücken, spreizte dabei die Finger mit den rot lackierten Nägeln. Sie warf sich das Haar über die Schultern und kicherte.
Levi trank von seinem Bier. Er hielt die Arme an den Seiten, damit sie Platz für ihren improvisierten Lapdance hatte. Als sie ihren Hintern wieder in sein Gesicht reckte, schnalzte Levi mit der Zunge und erntete Gejohle.
Das Mädchen ließ sich umfallen. Sie landete in seinen Armen, legte kokett den Kopf an seine Schulter.
Als sie ihm einen Kuss auf die Wange hauchte, ließ er sie gewähren. Er hörte sich ihr Geschäker über seinen Dreitagebart an, quittierte ihre Hand, die seinen Schenkel umfasste, mit einem Heben der Brauen und fuhr weitere Lachsalven ein.
»Ich habe eine Freundin«, raunte er in ihr Ohr. Er hob sie von seinem Schoß und stand auf.
Im angrenzenden Zimmer wurde gekifft. Eine ganze Meute saß um eine Bong herum, man konnte sie durch den dicken Qualm und das schummrige Licht kaum erkennen. Levi trank sein Bier aus und stellte die Flasche auf den Boden bei der Wand.
In der Küche holte er sich ein neues Bier aus dem Kühlschrank.
»Nein«, sagte Levi und drehte sich um.
Phil sah ihn mit großen Augen an. »Woher wusstest du, dass ich hinter dir stehe? Warum nein?«

»Ich werde sie nicht mal anfassen.«

»Kannst du Gedanken lesen, Mann? Ich fühle mich wie ein Nacktmull, nur angezogen.«

Levi stutzte, lachte dann.

»Aber warum nicht?«, fragte Phil. »Die Kleine ist scharf auf dich. Und sie hat einige Argumente.« Phil griff an ihm vorbei und nahm sich ebenfalls ein Bier.

»Sie hat ...« Levi verstummte.

*Er sah sie an einer Bushaltestelle sitzen, zwei Taschen voll Leergut neben sich. Ihre Haut war aschfahl, das Haar dünn und fettig, die Zähne verfault. Sie stank. Er konnte es riechen. Eine Mischung aus Verwesung und etwas anderem, das er nicht benennen konnte. Etwas, das tief geht. Tiefer als Worte.*

»Sie hat was?«

Levi schüttelte den Kopf. »Sie ist nicht gut. Halte dich fern von ihr.«

Phil seufzte. »Manchmal ist es echt schwierig, auf dich zu hören.« Er ließ das Bier aufschnappen und stieß mit Levi an.

Als Levi zu den Leuten hinübersah, die am Tisch saßen und harte Drogen nahmen, war es, als blickte er in ein schwarzes Loch. Die Schwärze wimmelte. Sie schob sich ineinander und stob auseinander, um für Sekunden die vernebelten Gesichter freizugeben. Es war eine absorbierende Schwärze. Sie gab nichts zurück.

Levi machte einen Schritt nach hinten. Er stieß gegen den Kühlschrank.

Die Schwärze schien zu warten. Sie ergötzte sich an den Leuten am Tisch, aber sie wollte mehr. Sie streckte sich bereits nach Phil und ihm aus. Und sie wusste, dass er sie wahrnehmen konnte.

Er packte Phil am Arm und drängte ihn aus dem Zimmer. Jetzt war die Schwärze überall. Levi konnte sie sehen, wie sie über den Leuten schwebte, sich durch die Körper bewegte und gierig ihre Fänge ausstreckte.

Levi wollte nicht bleiben.

Mit Phil im Schlepptau kämpfte er sich aus der Wohnung. Im Freien schnappte er nach Luft.

»Was ist los?«, fragte Phil.

»Ich weiß nicht. Ich sehe so komische Sachen.«

Phil grinste. »Könnte am Dope liegen.«

»Ich hab nichts geraucht.«

»Dann liegt es am Bier.«

Von drinnen hörten sie den Bass der Musik. Levi schüttelte den Kopf.

»Also gut, Mann, was siehst du denn? Sternchen?«

»Vergiss es.«

Phil machte ein ernstes Gesicht. »Sag schon. Du kannst mir alles anvertrauen.«

Levi sah die Straße hinunter. »Vielleicht ist es wirklich der Alk.«

»Der Kreislauf spinnt da schon mal.«

*Phils Gesicht hatte plötzlich Falten. Er war zwanzig Jahre älter und stand in der Sonne. Um ihn herum zirpten Grillen, Blätter flatterten im Wind. Phil war innerlich gewachsen, sich selbst näher.*

»Levi?«

Das Schattenbild verschwand. Phil war wieder der achtzehnjährige Junge.

»Du wirst Arzt«, stammelte Levi. »Du wirst in Afrika arbeiten.«
Phil lachte auf. »Klar.« Er verstummte, starrte Levi an. »Hast du …?«
Levi nickte. »Das habe ich gerade gesehen. Du warst zufrieden.«
»Sauf nicht so viel!« Jetzt klang Phil nicht mehr so bestimmt. Sein Blick verschwamm, während er sich unsicher umsah. »Was hast du denn noch gesehen?«
»Nichts.«
»Sag schon!«
»Also gut. Die Kleine von vorhin, sie wird … Sie wird zu viele Drogen nehmen. Sie stirbt. Sie ist krank.«
Phil schaute ihn abwartend an.
»Überall sind diese Schatten. Sie saugen. Sie hängen an den Leuten und saugen sie aus. Sie ernähren sich auf diese Weise, aber ich weiß nicht genau, wie. Sie sind nicht gut.«
Es folgte Schweigen.
»Warst du deshalb damals in der Klapse?«
Levi vermied Blickkontakt. »Ich glaube, ich gehe jetzt besser nach Hause.«
»Klar, und mich lässt du hier mit den Schatten allein, die die Leute aussaugen? Komm schon, gehen wir in den Park und reden über Afrika.«

07.04.2000

Levi saß vor dem Silbertablett und starrte die Lines an. Kathi war gerade dabei, sich eine davon reinzuziehen,

Phil hatte seine bereits intus. Um sie herum tobte eine Party, irgendeine der vielen Feten, die irgendwer aus Phils Freundeskreis schmiss.

Bisher hatte Levi immer verneint, wenn es um Drogen ging. Das Kiffen vor einigen Jahren hatte ihm so viele Schatten beschert, dass er es nicht mehr gewagt hatte. Aber jetzt hatte er die Schatten unter Kontrolle. Wenn er trank, konnte er sie auf Abstand halten.

Kathi drehte sich um und hielt ihm das Röhrchen hin. Sie wischte sich die Nase und lächelte ihn an.

Er nahm das Röhrchen, drehte es zwischen den Fingern der rechten Hand. Sein Blick glitt durch das Zimmer. Ein paar Leute tanzten geistesabwesend, andere unterhielten sich, ein paar standen auf dem Balkon.

Sein fragender Blick fand Phil. Der zuckte mit den Schultern.

Mit einer ruckartigen Bewegung beugte Levi sich über das Tablett, legte das Röhrchen an das eine Ende der Line und zog das Pulver ein. Er ließ das Röhrchen auf das Tablett fallen und lehnte sich zurück.

Es fühlte sich an, als schösse ein Feuerstrom durch seine Nase, durch die Nebenhöhlen und direkt ins Gehirn. Die Nase brannte. Der Alkoholrausch, den er sich mit drei Bieren angetrunken hatte, wich schlagartig. Die Musik wirkte lauter, die Gespräche der Leute auch. Levi richtete den Blick auf die Tischkante und wunderte sich über die Schärfe, mit der er sie sah.

»Haut es rein?«, fragte Phil.

»Ich bin total … Ich weiß nicht …«

»Drauf.« Kathi beugte sich zu ihm und gab ihm einen

Kuss. »Ich geh mal schnell aufs Klo.« Sie erhob sich und verließ das Zimmer.
Phil sah ihn noch immer prüfend an. »Alles klar?«
»Ja.«
»Schatten?«
Levi grinste. »Massenhaft. Wir sind auf einer Party.« Er nahm sein Bier und trank. »Mach dir nicht in die Hosen. Alles ist gut.«
»Wenn du das sagst.«
Levi blickte sich wieder im Zimmer um. Er merkte, dass er anfing, mit dem Knie im Takt zu wippen. Das kannte er von Phil und Kathi, diese unruhigen Bewegungen, ausgelöst durch das Pulver.
Und dann kam der Redeflash. Levi fing an, auf Phil einzureden, erzählte und erzählte und erzählte. Phil quasselte mehr dazwischen, als dass er zuhörte. Manchmal redeten sie sogar gleichzeitig.
»Jetzt muss ich aber Platz für ein neues Bier schaffen«, sagte Levi irgendwann und stand auf. Er suchte sich einen Weg durch die Leute hindurch, fand die Toilette und sperrte hinter sich ab. Danach, beim Händewaschen, sah er sich im Spiegel an. Starrer Blick, riesige Pupillen.
Die Schatten waberten. Sie wurden nicht zahlreicher, allerdings waren sie intensiver.
Levi griff nach der Türklinke, als er aus dem Augenwinkel und über den Spiegel eine Bewegung wahrnahm. Er schaute in den Spiegel. Und in ein zweites Gesicht. Neben ihm stand jemand.
*Geh!*, sagte eine laute Stimme in Levi. *Sieh nicht hin, geh!*
Aber er war wie gebannt. Langsam wandte Levi sich um.

08.04.2000

Levi erwachte. Und wusste nicht, wo er war und was geschehen war. Benommen versuchte er, sich zu bewegen, aber es ging nicht. Er war an ein Bett geschnallt. Der Geruch verriet, dass er sich in einem Krankenhaus befand. Als er den Kopf drehte, sah er ein kleines Zimmer mit einem schmalen Fenster, einen Besucherstuhl und ein Wägelchen neben dem Bett. Ansonsten war das Zimmer leer.
Levi versuchte, gegen die Fesseln anzukommen, hatte aber keine Chance.
Sein Kopf fühlte sich abscheulich an. Das war kein gewöhnlicher Kater. Was war geschehen? Langsam erinnerte er sich. Ihm traten Tränen in die Augen.
Sie hatten ihn mit dem Krankenwagen abgeholt. Er hatte um sich geschlagen, zuerst benebelt und verwirrt, aber irgendwann mit Vehemenz. Und immer wieder hatte er gebrüllt, da sei etwas in ihm, das man herausholen müsse. Etwas habe sich in ihm eingenistet wie ein Parasit.
Levis Mutter war da gewesen. Sie war in das Zimmer im Krankenhaus gekommen, wo Levi auf einer Liege festgeschnallt war. Er hatte sie angefleht, dieses Wesen aus ihm herauszuholen, hatte nach den Drillingen gebrüllt. Natürlich hatte niemand verstanden, was er meinte, und als er das begriff, zerrte er wieder wie wild an den Riemen. Als seine Mutter weg war, kamen die Drillinge, und ein Kampf begann, den er nach ihren Anweisungen ausfocht. Aber bis auf ihn konnte niemand sehen, was vor sich ging. Die Ärzte und Pfleger sahen nur den irren Levi, der wie verrückt schrie und tobte.

Sie hatten ihm eine Spritze gegeben.
Und jetzt lag er hier. Er starrte an die Decke hinauf und ballte die Fäuste.


Eine Krankenschwester kam. Sie flößte ihm Wasser ein, wechselte den Urinbeutel seines Katheters und teilte ihm mit, dass sie seine Mutter über sein Erwachen informieren werde.
Levi schwieg. Er starrte weiterhin an die Decke.


Seine Mutter stand einige Minuten neben seinem Bett, ohne etwas zu sagen. Sie hielt ihre Handtasche vor sich an den Bauch gepresst, als wolle sie sich damit schützen.
Levi sah sie nicht an. Er wusste, dass sie rote Augen vom Weinen hatte.
»Ich soll dir einen schönen Gruß von Phil ausrichten. Er sagt, er kommt dich besuchen, sobald es erlaubt ist. Momentan darf nur ich zu dir.«
Levi reagierte nicht.
»Willst du mich nicht ansehen, Kind?«
Nach einer Weile zog seine Mutter den Stuhl ans Bett und setzte sich. Er hörte sie schluchzen.
»Du hast Rauschgift genommen, haben sie gesagt. Das hat den Anfall ausgelöst. Die Psychose ist wieder da. Warum nur, Levi? Warum hast du das gemacht? Du bist doch sonst immer ein so kluger Junge.«
Er konnte nicht verhindern, dass ihm die Tränen kamen. Er starrte weiterhin an die Decke hinauf.

»Sie sagen, sie schicken dir einen Psychiater. Du wirst mit ihm reden müssen. Wenn er es für notwendig befindet, kommst du ...« Sie schluchzte. »Du kommst dann wieder in die Klinik. In die Psychiatrie.«
Levi schloss die Augen.
»Ich kann da nichts machen, Kind. Da hören sie nicht auf mich. Sie sagen, du könntest eine Gefahr darstellen. Sie wollen sicher sein, dass du nicht wieder Drogen nimmst.« Seine Mutter weinte leise vor sich hin.
»Du warst wie eine Furie. So habe ich dich noch nie erlebt. Du hast immer wieder geschrien und gesagt, etwas sei in dir. Sie haben fünf Männer gebraucht, um dich zu überwältigen.« Sie griff nach seiner Hand. »Levi, bitte, schau mich an! Bitte, Kind, sprich mit mir!«
Levi bewegte sich nicht. Nur die Tränen tropften neben ihm auf das Kissen.
»Versprich mir, dass du mit dem Psychiater redest. Versprich mir das. Du musst mit ihm reden, damit er sieht, dass du nur einen Fehler gemacht hast. Hörst du? Du musst mit ihm reden. Die Psychose bricht nicht wieder aus, wenn du keine Rauschmittel mehr nimmst. Versprich mir das.«
Sie drückte seine Hand, blieb noch einen Moment sitzen und stand schließlich auf. Levi hielt die Augen noch immer geschlossen, er konnte seine Mutter nur hören. Ihre Schritte entfernten sich, die Tür fiel ins Schloss.


Man hatte ihm die Fesseln abgenommen. Levi saß aufrecht im Bett. Neben ihm stand das Mittagessen, das er nicht angerührt hatte. Jetzt war der Psychiater da. Levi schaute ihm nicht in die Augen.

»Sie haben Speed genommen?«

Levi nickte ganz leicht mit dem Kopf.

»War es das erste Mal?«

Wieder ein Nicken.

»Ich habe Ihre Krankenakte hier. Wir haben mit dem Einverständnis Ihrer Mutter alle Unterlagen aus der Kinderklinik sowie die Ihrer Psychiater angefordert. Ich habe sie mir durchgelesen. Sie leiden seit Ihrer Kindheit an Psychosen. Die Medikation hat in den letzten Jahren gut gewirkt, es gab keine Vorfälle mehr.« Der Psychiater schwieg einen Moment. »Wollen Sie mich nicht ansehen?«

Levi presste die Lippen aufeinander und drehte den Kopf. Der Arzt lächelte. »So gestaltet sich eine Unterhaltung doch schon viel angenehmer. Ich vermute, dass das Amphetamin Ihre Psychose erneut ausgelöst hat. Es kann auch an der Wechselwirkung mit dem Medikament liegen. Das ist nicht ungefährlich.«

Ich nehme euer Medikament nicht, dachte Levi.

»Gibt es einen Grund, warum Sie Speed genommen haben? Ging es Ihnen in der letzten Zeit nicht gut? Ihre derzeitige Psychiaterin hat vermerkt, dass Sie weiterhin keine Anzeichen für psychotische Zwischenfälle gezeigt haben. Warum haben Sie Speed genommen?«

*Der sportliche Psychiater stand an einem Fenster und blickte hinaus. Ein Radio lief im Hintergrund. Er aß Nüsse, die er in der linken Hand hielt. Gerade, als er sich umdrehen wollte, versteifte er sich und fasste sich ans*

*Herz. Der Infarkt war ebenso schnell vorüber, wie er gekommen war. Der Psychiater saß keuchend auf dem Boden, das Gesicht feuerrot, erstarrt in maßlosem Entsetzen.*

»Mir ging es gut. Es gab keinen Grund.« Levis Stimme war rau. Sein Hals brannte.

»Es gibt immer einen Grund, und wenn es nur der altbekannte Gruppenzwang ist. Hören Sie her.« Er beugte sich auf dem Stuhl nach vorn. »Ich bin hier, um Ihnen zu helfen. Ich will, dass Sie sich mir gegenüber öffnen und ehrlich sind. Es geht um Sie, allein um Sie, und es ist zu Ihrem Vorteil, wenn Sie ehrlich sind.«

Levi presste die Lippen aufeinander, bevor er sprach. »Wir waren auf einer Party. Es war lustig. Meine Freunde waren da. Mir wurde das Zeug angeboten, ich wollte es probieren. Es war ein großer Fehler.«

Der Psychiater musterte ihn eingehend. »Mehr nicht?«

»Nein.«

Der Mann nickte und lehnte sich zurück. »Sie wissen, dass Sie einem Sanitäter die Nase gebrochen und einem Polizeibeamten ein ordentliches Veilchen verpasst haben?«

Levi schluckte. »Es tut mir leid.«

»Können Sie sich daran erinnern?«

»Ja.«

»An alles?«

»Bis man mir eine Spritze gab.«

»Sagen Sie mir, was der Auslöser Ihrer Psychose war.«

Levi senkte den Blick, schwieg.

»In Ihren Unterlagen steht, sie würden Schatten sehen.

War es das, was Sie dermaßen aus der Bahn geworfen hat? Sie wurden bis jetzt nicht gewalttätig. Das ist ein neuer Umstand, eine neue Intensität. Lag es an den Schatten?«

Levi schüttelte den Kopf.

»Wollen Sie mir nicht sagen, was Sie gesehen haben?«

»Nichts.«

Kurzes Schweigen.

»Sie meinen, der Anfall kam aus dem Nichts?«

»Nein. Er kam, weil ich dieses Scheißzeug genommen habe.«

Der Psychiater klappte die Mappe zu und holte Atem. »In diesem Fall sehe ich mich gezwungen, ein Unterbringungsverfahren einzuleiten. Ich halte es für erforderlich. Das bedeutet, dass Sie in eine geschützte Akutstation verlegt werden.«

Levi sah den Psychiater an. »Was ist das?«

»Eine geschlossene Klinik. Wir holen uns eine vorläufige Genehmigung des zuständigen Gerichtes ein und Sie werden in dieser Klinik bleiben, bis das Gericht aufgrund der Faktenlage über Ihren weiteren Verbleib entscheidet.«

»Ich habe doch noch nie vorher jemandem etwas getan.«

»Aber jetzt ist es passiert. Sie machen auf mich nicht den Eindruck, richtig zu verstehen, was geschehen ist. Sie sind eine Gefährdung für sich selbst und für andere.«

Levi schüttelte den Kopf. »Tun Sie das nicht. Das passiert nicht noch einmal. Ich werde nie wieder so einen Unsinn machen, das können Sie mir glauben. Nie, nie, nie wieder.«

Der Psychiater stand auf. »Es ist zu Ihrem Besten. Und es ist ja nur vorläufig. Lassen Sie es auf sich zukommen.«

»Bitte, tun Sie das nicht.«
»Jetzt sehen Sie bitte nicht so schwarz. Das ist wirklich kein Weltuntergang. Betrachten Sie es als Urlaub und versuchen Sie, sich dort zu erholen.«
Levi sah zu, wie der Psychiater sich umdrehte und den Raum verließ. Er blieb sitzen und stierte die Tür an, in der Hoffnung, der Kerl käme zurück und erkläre, er hätte einen Witz gemacht.

## 13.06.2012

Am Abend saß Levi gegenüber ihrer Wohnung auf den Stufen vor dem Eingang einer Bäckerei. Die Läden hatten bereits alle geschlossen. Karoline kam von schräg gegenüber aus einer Seitenstraße und sah ihn sofort. Ihre Blicke begegneten sich. Levi schaltete den MP3-Player aus.
Karoline hielt inne, dann überquerte sie die Straße, blieb vor ihm stehen und sah auf ihn hinunter. »Ist Phil nicht mehr da?«
»Er trifft sich heute mit einem Kumpel.«
Levi deutete neben sich. Sie setzte sich.
»Ich habe nicht damit gerechnet, dich wiederzusehen«, sagte sie.
Levi lehnte sich nach hinten gegen die verschlossene Glastür, streckte die Beine aus und sah die Straße entlang. »Was hast du mit dem Heft gemacht?«, fragte er.
»Ich habe es verbrannt. Es gab niemanden, mit dem ich darüber reden konnte. Darum habe ich es aufgeschrieben. Um mich an alles erinnern zu können, und um es aus dem Kopf zu kriegen.«
»Hat es funktioniert?«
»Nicht besonders gut.«
Er wandte sich ihr zu, ohne sie anzusehen. »Deine Mutter war eine starke Frau.«
»Das war sie. Aber sie hat sich von ihrem Mann schlagen lassen.«

»Schuldgefühle. Wenn es keinen gibt, der uns für unsere Schuld prügelt, machen wir es selbst.«
»Darum trinkst du.«
Levi schwieg für einige Sekunden, dann erwiderte er ihren Blick. »Hast du darum den Kontakt zu mir gesucht?«
Karoline senkte den Kopf. »Ich wollte wissen, wer das ist, von dem meine Mutter ständig geredet hat. Ich wollte wissen, ob etwas dran ist an dem, was sie erzählt hat. Ob dieser Typ wirklich Dinge sehen kann, die andere nicht sehen, oder ob er verrückt ist.«
Levi lächelte schief. »Hat es dir geholfen, den Typen kennenzulernen?«
»Nein. Es hat nichts an der Hilflosigkeit geändert. Wenn sich jemand umbringt, von dem du das nie geglaubt hast, herrschen Verständnislosigkeit und Hilflosigkeit vor. Ich habe versucht, den Grund zu verstehen.«
»Jetzt nicht mehr?«
»Vielleicht gibt es nichts zu verstehen.«
»Vielleicht doch.«
Sie sah ihn von der Seite an. »Beschäftigt dich die Frage nach dem Tod auch? Was danach kommt?«
»Ich weiß, was danach kommt. Aber das ist nicht relevant.«
»Doch. Es ist relevant, wenn jemand stirbt, den du liebst.«
Er richtete sich auf. »Nein. Relevant ist deine Trauer, aber nicht die verstorbene Person.«
Karoline senkte den Blick. »Geht es nach dem Tod weiter?«, fragte sie leise.
»Dann geht es erst richtig los.«
Levi fing ihren fragenden Blick auf und lächelte sanft.

Sie schwiegen.

»Warum bist du hergekommen? Verzeihst du mir etwa?«

»Es gab nie etwas zu verzeihen.« Levi wandte sich Karoline zu und ergriff ihre Hand, blickte aber zu Boden, während er sprach. »Ich sehe Schatten. Zumindest gibt es kein besseres Wort als dieses, um sie zu beschreiben. Sie sind überall. An manchen Menschen saugen sie. Es ist, als würden sie sich von diesen Menschen ernähren. Deshalb kam ich in die Kinderklinik.« Levi fing an, mit Karolines Fingern zu spielen. »Dort waren sie in einer solch großen Menge vorhanden, dass ich beinahe den Verstand verlor. Ich traute mich nicht zu schlafen, weil ich sie dann nicht beobachten und auf Abstand halten konnte. Ich erzählte den Leuten, was sie wissen wollten, und sie sagten, das seien alles nur Einbildungen. Sie sagten, ich sei psychotisch.«

»Aber es sind keine Einbildungen, oder?«

»Es hat nichts mit einer Psychose zu tun. Deine Mutter gab mir Medikamente, damit ich schlief. Ich wurde depressiv, weil die Schatten an mir saugten, wenn ich wegen dieser Medikamente betäubt war.«

Karoline drückte seine Hand. »Du hast einen Weg gefunden, sie zu vertreiben?«

»Damit wurde alles besser, ich erholte mich. Ich durfte nach Hause.« Levi sah sie an. »Was willst du über deine Mutter wissen?«

»Alles. Was hast du zu ihr gesagt? Wie hat sie sich dir gegenüber verhalten?«

Levi lehnte sich wieder zurück gegen die Glastür. »Sie war freundlich zu den Kindern, aber diese Arbeit war nicht

ihre Berufung. Ich sah, wie sie von einem Mann geschlagen wurde, und dass sie schwanger war. Ich nannte sie eine hohle Nuss und riet ihr, den Mann nicht zu heiraten.«
»Eine hohle Nuss?«
»Entschuldige.«
Karoline lächelte. »Das muss dir nicht leidtun.«
»Ich war wütend. Ich wollte nach Hause. Keiner wollte begreifen, dass mich die Klinik krank machte, dass ich eigentlich gesund war. Ich hatte Heimweh und Angst.« Er warf ihr einen Seitenblick zu. »Was hat sie über mich erzählt?«
»Immer das Gleiche. Dass du Recht gehabt hättest, dass sie auf dich hätte hören müssen, dass sie mit den Kindern falsch umgegangen sei und dass es ihr so leidtue, dass sie dir nicht geglaubt hat.«
Levis Blick war forschend. »Was denkst du jetzt? Bin ich verrückt oder nicht?«
»Du bist genauso verrückt wie ich oder Phil. Und ein bisschen merkwürdig, weil du diese Sachen sehen kannst.« Sie stand auf und reichte ihm die Hand. »Jetzt komm, lass uns zu mir gehen. Ich habe noch einen Gemüseauflauf von gestern, den sollten wir uns warm machen.«

**14.06.2012**

Phil saß im Wohnzimmer und sah fern. Levi warf die Jacke auf die Schuhablage und setzte sich neben ihn. Es lief eine Dokumentation über irgendwelche Ausgrabungen in Ägypten.

»Wieder alles gut?«

Levi sah seinen Freund von der Seite an. »Ich glaube schon.«

»Wo ist sie?«

»In der Arbeit.«

»Also arbeitet sie wirklich in dieser Praxis?«

»Ja.«

Phil nickte. »Na also.«

»Heirate sie nicht.«

Einen Moment saßen sie still da, dann griff Phil nach der Fernbedienung, schaltete den Fernseher aus und drehte sich zu Levi um. »Wie bitte?«

Levi sah ihn an. »Heirate sie nicht.«

Phil musterte ihn. »Was hast du gesehen?«

»Nichts.«

»Nichts? Warum soll ich sie dann nicht heiraten?«

Levi senkte den Blick.

»Alter, was hast du gesehen?«

»Wirklich nichts. Ich meine nur, du solltest sie nicht heiraten.«

»Warum nicht?«

»Es ist Afrika.«

Schweigen.

»Willst du mir etwa sagen, ich soll sie nicht heiraten, weil sie schwarz ist?«

»Du sollst sie nicht heiraten, weil es ein anderer Kontinent ist.«

»Du willst, dass ich hierbleibe.«

»Vielleicht.«

Phil verdrehte die Augen und warf sich zurück auf die

Couch. »Das meinst du nicht ernst. Du bist verwirrt vor lauter Vergebung und Sentimentalität. Komm erst mal klar, dann sprechen wir weiter.« Er schaltete den Fernseher wieder an.
Levi stand auf und ging in Richtung Badezimmer.
»Alter«, rief Phil. »Warte.« Er schaltete den Ton aus und betrachtete Levi nachdenklich. »Weißt du, manchmal frage ich mich, ob ich einer selbsterfüllenden Prophezeiung auf den Leim gegangen bin. Hast du das wirklich gesehen, oder habe ich es nur gemacht, weil du es gesagt hast? Ich bin zufrieden als Arzt, ich liebe die Arbeit da unten, aber der Zweifel lässt sich nicht abschalten. Das Ding ist nur, dass es total egal ist. Weißt du, was ich meine? Es spielt keine Rolle. Ich bin zufrieden.«
»Du ...«, setzte Levi an, räusperte sich und trat von einem Bein auf das andere. »Du zweifelst?«
»Macht jeder mal, oder?«
Levi stand einige Sekunden still da und erwiderte den Blick seines Freundes. Sein Gesichtsausdruck war unergründlich, fast so teilnahmslos wie von einer Statue. Schließlich wandte er sich wortlos ab und verließ das Zimmer.

Es klopfte an der Tür, aber Levi reagierte nicht. Er saß auf der Matratze und starrte an die Wand gegenüber. Auch als Phil nach ihm rief, rührte er keinen Muskel.
Einige Zeit später versuchte es Phil noch einmal. Levi griff in seine Hosentasche, holte den MP3-Player heraus und schaltete ihn an. Inzwischen lag er und fixierte einen Punkt an der Decke.

Die Drillinge sprachen irgendwann, übertönten die Musik. Levi schaltete das Gerät aus, drehte aber nicht den Kopf, um zu den Drillingen hinzusehen.

»ES STEIGT VON DER ERDE ZUM HIMMEL UND KEHRT ZURÜCK, DAMIT ES DIE MACHT DES OBEREN UND DES UNTEREN EMPFANGE.«

Levi hob den Arm und deutete mit der Hand an, dass sie weitersprechen sollten.

»ER WIRD STREITSÜCHTIG SEIN UND BLIND. ER KOMMT DIESE NACHT.«

Levi nickte kaum merklich.

»ICH BIN DER WEG, DIE WAHRHEIT UND DAS LEBEN.«

Er schaltete den Ton wieder an.

Nach einiger Zeit stand er auf, streckte sich und packte den Player zurück in die Hosentasche. Er öffnete die Tür, verließ den Raum und schloss ihn ab. Levi ging in sein Schlafzimmer, nahm sich einen Kapuzenpullover und den Rucksack und holte sich ein Bier aus der Küche. Phil saß dort über einer Pizza und sah ihn eingehend an.

»Was hast du getrieben?«

Levi öffnete das Bier und trank. »Nichts. Du?«

»Bin ein bisschen in der Stadt rumgelaufen. So habe ich mir unsere gemeinsame Woche nicht vorgestellt.«

Levi sah ihn nur an.

»Pizza?«

»Nein, danke.«

Phil zuckte mit den Schultern. »Dann futtere ich sie eben allein. Was machen wir heute noch?«

»Ich muss raus.«

»Wohin?«
Levi trank. »Mal sehen.«
Phil hielt unter dem Kauen inne. »Soll das heißen, du lässt mich wieder allein?«
»Ich muss etwas erledigen.«
Phil warf das Pizzastück auf den Pappkarton und lehnte sich im Stuhl zurück. Eine ganze Weile sah er Levi an.
»Die Drillinge?«
Er bekam keine Antwort.
»Gibst du mir auch ein Bier?«
Levi öffnete den Kühlschrank, holte eines heraus und reichte es Phil. Die übrigen zwei Flaschen packte er in seinen Rucksack.
»Ich komme mit.« Phil öffnete sein Bier mit einem Feuerzeug und trank.
»Nein.«
»Doch.« Er stand auf, klappte den Deckel des Kartons über der Pizza zu und ging in den Flur hinaus.
Levi folgte ihm. Phil versuchte, die Tür zu dem Zimmer zu öffnen, in dem Levi den ganzen Tag gesessen hatte. Als es nicht funktionierte, drehte er sich wieder zu Levi um.
»Was ist da drinnen?«
»Nichts.«
»Wie, nichts? Was hast du dann den ganzen Tag in diesem Zimmer gemacht?«
Levi trank vom Bier, ohne den Blick von seinem Freund abzuwenden.
Phil ließ die Schultern hängen und blies die Backen auf.
»Alter, jetzt sag schon! Wenn du da ein paar Leichen drinnen hast, will ich das wissen, okay?«

Levi fing an, sich die Turnschuhe anzuziehen.
Phil sah ihm zu, dann tat er es ihm nach. Sie verließen die Wohnung, liefen die Treppe im Flur hinunter und gingen draußen über die Straße, Richtung Innenstadt.
»Geh heim«, sagte Levi. »Oder irgendwo anders hin.«
»Nein.«
Levi lief durch die Gassen der Stadt, bis er den Platz mit dem Brunnen erreichte. Da es Donnerstag war, waren nicht viele Leute hier versammelt. Er wählte seinen Platz direkt am Brunnenrand, setzte sich und stellte den Rucksack vor sich ab. Phil ließ sich neben ihm nieder.
»Und jetzt?«
»Ich warte.«
»Worauf?«
»Dass du gehst.« Levi sah ihn von der Seite an. »Irgendwann wird dir langweilig werden.«
Phil lachte. »Dass du dich da mal nicht verrechnest.«
Einige Zeit saßen sie schweigend nebeneinander, tranken und beobachteten die Passanten.
»Dein Handy hat heute ein paar Mal geklingelt. Weil du ja in deinem komischen Zimmer eingesperrt warst – aus dem ich übrigens nicht einen Mucks gehört habe –, bin ich rangegangen.«
Levi schwieg.
»Willst du gar nicht wissen, wer es war?«
»Entweder Karoline oder meine Mutter.«
Phil grinste. »Karoline war es. Sie ...«
»Halt die Klappe.«
»Oh, hat der Herr wieder die kultivierten Handschuhe

angezogen?« Phil stieß ihm den Ellbogen in die Seite. »Du weißt, dass ich nicht mehr lange da bin. Benimm dich.«

Levi sah ihn an. »Dann sag schon, was wollte sie? Mach es kurz.«

»Meine Güte, bist du ein widerlicher Saftsack.«

»Haben wir das nicht schon vor Jahren geklärt? Du sollst es kurz machen.«

Phil schüttelte lachend den Kopf. »Zeig mir mal deine Schuhsohlen, vielleicht hast du dir einen Nagel eingetreten, der dir jetzt diese miese Stimmung bereitet.« Er streckte die Hand nach Levis Bein aus.

Levi drehte den Kopf und sah Phil warnend an. Sein Freund hielt in der Bewegung inne, lehnte sich zurück.

»Schon gut, Mann! Schau mich nicht so an!« Phil schwieg einen Moment. »Karoline hat uns für heute Abend zu sich eingeladen. Sie wollte für uns kochen. Das Essen hab ich schon abgesagt, immerhin ist es jetzt fast zweiundzwanzig Uhr, aber meinst du nicht, wir sollten ihr Bescheid sagen, dass wir hier sind?«

»Nein.«

»Warum nicht?«

Levi schwieg. Er ließ den Blick über den Platz wandern, trank vom Bier.

»Ist dir bewusst, dass du mit jedem Lebensjahr schlimmer wirst? Als ich dich letztens besucht habe, da war es schon krass, aber heute übertriffst du alles.«

Schweigen.

»Warum bist du überhaupt gestern zu Karoline gegangen, wenn sie dir heute schon wieder egal ist?«

»Sie ist mir nicht egal.« Levi holte die zwei Bierflaschen aus dem Rucksack und gab eine Phil.
»Hört sich aber so an. Du könntest ihr wenigstens eine SMS schreiben, damit sie ...«
Levi griff in seine Hosentasche und drückte Phil das Handy in die Hand. »Schreib ihr.«
»Was?«
»Schreib ihr. Und gib Ruhe.«
»Was soll ich ihr schreiben?«
»Woher soll ich das wissen?«
Kopfschüttelnd klappte Phil das Handy auf und begann zu tippen. Levi schielte hinüber und las: »Tut mir leid, aber ich bin ein egoistischer, cholerischer Scheißkerl. Ich melde mich bei dir, sobald diese Phase überstanden ist. PS: Du bist mir nicht egal.«
Levi riss Phil das Handy aus der Hand, bevor er die SMS abschicken konnte, löschte die Nachricht und schob das Gerät zurück in die Hosentasche.
Phil lachte.
»Geh du zu Karoline«, sagte Levi.
»Ich bleibe hier.«
Erneut folgte Schweigen. Levi konnte aus den Augenwinkeln sehen, dass Phil ihn immer wieder musterte, aber er reagierte nicht darauf. Die Bierflaschen waren fast leer, als Phil wieder zu reden anfing.
»Was ist in dem Zimmer?«
»Mann, kannst du nicht einfach abhauen?«
»Nein. Ich kenne alle deine Geheimnisse. Nur das mit dem Zimmer weiß ich nicht. Es beunruhigt mich.«
»Du hast Angst, ich könnte wieder durchdrehen.«

»Na ja, was heißt durchdrehen ... Ich habe Angst, dass du in deiner Einsamkeit komisch wirst. Komischer als eh schon, wenn du verstehst. Ich mach mir nur Sorgen.«

»Matratzen.«

»Was?«

Levi trank vom Bier. »Matratzen.«

»Da sind Matratzen im Zimmer?«

»Ja.«

Phil hob die Brauen. »Äh ... Okay. Und warum?«

»Damit ich mich hinsetzen und hinlegen kann.«

Phil schwieg einen Moment. »Du meinst, du hast ein ganzes Zimmer nur mit Matratzen ausgelegt?«

»Es sind nur acht Quadratmeter.«

»Aber warum? Und sag jetzt nicht wieder, damit du dich hinsetzen und hinlegen kannst!«

»Dann stell eine andere Frage.«

»Alter!« Er stieß ihm erneut den Ellbogen in die Seite. »Was ist denn heute nur los mit dir? Werd mal wieder Levi-normal! Warum das Zimmer?«

»Es ist leer. Nichts lenkt mich ab.«

Phil blinzelte, dann breitete sich ein Grinsen auf seinen Lippen aus. »Du hast vielleicht einen an der Waffel! Unglaublich!«

Levi ließ den Blick wieder über den Platz schweifen.

»Meditierst du da drinnen?«

Mit einem Ruck drehte sich Levi zu Phil um. Sein Freund erschrak und ließ beinahe die Flasche fallen. Er starrte Levi an.

»Ich bin nicht zum Vergnügen hier. Ich muss etwas erledigen. Du lenkst mich ab. Du solltest nicht hier sein.

Wenn du aber unbedingt dabei sein willst, dann halt jetzt die ...«

Er verstummte, als er Schreie hörte. Levi drehte sich um und suchte den Platz ab. Links standen drei junge Männer, zwei davon schubsten sich, der Dritte wollte den Streit schlichten. Levi stellte die Flasche ab und schulterte den Rucksack. Er stand auf und ging hinüber.

Eine Weile blieb er etwa fünf Schritte von ihnen entfernt stehen und sah sie nur an. Levi suchte Blickkontakt mit den Streitenden, was angesichts ihrer Auseinandersetzung nicht einfach war. Er wusste Phil neben sich, achtete aber nicht auf ihn.

Als Levi sich sicher war, ging er los. Er packte den, der ihm am nächsten war, an der Schulter, drehte ihn um und schlug die Stirn gegen die des anderen. Der Typ ging zu Boden. Die beiden anderen wandten sich zu ihm um, aber bevor sie reagieren konnten, hieb Levi dem rechts von sich die Faust mitten ins Gesicht.

Levi blickte den dritten an. »Du hast dich mit den Falschen eingelassen. Die sind ein paar Kaliber zu groß für dich, außerdem sind das Teufel. Verlass die Stadt. Geh irgendwo anders hin und hör auf mit dem Scheiß. Sonst finden sie dich. Lauf jetzt.«

Der Kerl starrte ihn nur an, mit offenem Mund und kreidebleich. »Wer ...«

»Hau ab!« Levi machte einen Schritt auf ihn zu. »Lauf!«

Einen Augenblick sah der Typ zwischen Phil und Levi hin und her, dann drehte er sich um und rannte los. Bald war er in einer der Gassen verschwunden.

»Was zum Henker ...«, setzte Phil an, wurde aber von

Levi unterbrochen, der ihn an der Schulter packte und mit sich riss. Phil taumelte, machte sich aus dem Griff frei und sah seinem Freund hinterher, der ebenfalls rannte, als ginge es um sein Leben.
Derjenige, der die Faust abbekommen hatte, erholte sich vom Schlag und begann aufzustehen. Als Phil das sah, schickte er ein Stoßgebet gen Himmel und folgte Levi. Sie liefen durch schmale Gässchen, nahmen einige Abzweigungen. Man hörte noch jemanden brüllen, sehr entfernt, dann war es still. Levi wurde aber nicht langsamer. Erst als sie das Flussufer erreichten, blieb er stehen, ging in die Knie und schnappte nach Luft. Phil ließ sich neben ihm zu Boden fallen.
Es dauerte einige Zeit, bis sie wieder bei Atem waren.
»Jetzt weiß ich, warum du dieses Zimmer hast«, sagte Phil. »Du bereitest dich auf solche Aktionen vor.«
»Nein. In dem Zimmer meditiere ich.«
Sie sahen sich an und brachen ich Gelächter aus.
Levi stand auf. »Komm. Sie suchen bestimmt nach uns. Hier entlang.«
Er ging voraus, die Uferbefestigung entlang, immer im Schatten. Nach fünf Minuten hatten sie Levis Wohnung erreicht, schlossen die Tür hinter sich ab und ließen sich auf die Couch fallen.
Levi holte sein Handy hervor und tippte. Als er fertig war, hielt er es Phil zum Lesen hin. »Entschuldige, dass ich mich nicht gemeldet habe. Ich hatte zu tun, erkläre dir aber alles noch. Gilt deine Einladung vielleicht auch für morgen?« Als Phil nickte, schickte er die SMS ab und legte das Handy auf den Tisch.

»Erkläre es auch mir. Was war da los?«

Levi stand auf und bedeutete Phil, ihm zu folgen. Er ging zum Zimmer, sperrte es auf und öffnete die Tür. Das Zimmer war leer. Es gab nicht einmal Bilder, nur ein schmales Fenster, dessen Rollo geschlossen war. Den Boden bedeckten ausnahmslos Sportmatratzen.

Phil warf Levi einen Blick zu. »Du meditierst wirklich?«

Levi schloss das Zimmer wieder ab. Sie gingen zurück ins Wohnzimmer.

»Ich weiß nicht. Ich liege oder sitze einfach dort drinnen und bin mit mir allein. Wenn das Meditation ist, dann ja.«

Phil lachte und rieb sich die Augen. »Das erklärt aber noch nicht die Sache vorhin. Als du losgelegt hast, dem einen voll deinen Schädel reingehauen hast, da dachte ich wirklich ...« Phil drehte sich zu Levi um. »Mann, das war so krass!«

»Der Vorteil der Überraschung.« Levi grinste.

»Hätten sie den Typen, den du hast laufen lassen, kaltgemacht?«

»Früher oder später. Aber wohl eher früher.«

»Warum?«

»Ein Dealerring. Grobe Kerle. Es ging um viel Kohle, der Wicht hat sie bestohlen.«

»Hört sich so banal an.«

»Es ist immer banal.«

Phil dachte einen Moment nach. »Finden sie ihn wirklich, wenn er damit nicht aufhört?«

»Keine Ahnung. Ich dachte nur, es wäre prinzipiell gut, wenn er nicht mehr dealt. Er ist davongekommen, damit war meine Aufgabe erledigt.«

Phil lachte. »Und wie oft machst du solche Sachen? Ich wusste ja, dass du zu den Leuten gehst und ihnen erzählst, was du weißt, um sie zu retten, aber *davon* wusste ich nichts.«
»Ich schlage mich nur ungern.«
»Sag schon, wie oft kommt das vor?«
Levi seufzte. »Oft genug.«
»Woher wusstest du, welcher es ist? Eine Vision?«
»Die Drillinge sagten, er sei blind. Der Richtige hat Kontaktlinsen getragen.«
»Wie bitte? Du hast seine Kontaktlinsen gesehen? Verarsch mich nicht!«
Levi grinste. »Man sieht sie, wenn man den Leuten seitlich in die Augen schaut. Kathi hatte Kontaktlinsen.«
Phil kicherte. »Gut, dass ich heute so stur war und mitgekommen bin. Von wegen selbsterfüllender Prophezeiung! Ist das zu glauben …!«

27.07.2000

Am zweiten Tag kam der zuständige Richter, um Levi anzuhören. Levi sagte ihm das gleiche wie dem Psychiater.
»Mit Ihrer Mutter und Ihrem Freund habe ich bereits gesprochen«, teilte der Richter ihm mit. »Beide sagten, sie hätten Sie noch nie in einer solchen Raserei erlebt.« Er sah Levi über seine Brille hinweg suchend an.
Levi erwiderte den Blick. Er sagte nichts. Er hatte gesagt, was es zu sagen gab.
»Ich bin mir da noch unsicher, was Ihren Drogenkonsum angeht. Solche harten Sachen bekommt man nur in bestimmten Kreisen angeboten. Anscheinend verkehren Sie in solchen Kreisen.«
»Ich verkehre in keinen solchen Kreisen. Das war Zufall.«
Der Richter machte sich Notizen. »Ich muss Ihnen mitteilen, dass ich eine vorübergehende Einweisung für richtig halte. Ich setze drei Monate an. Innerhalb dieser Zeit wird sich zeigen, inwieweit Sie drogenabhängig sind oder von Psychosen heimgesucht werden.« Er sah wieder über seine Brille hinweg zu Levi. »Das ist die sicherste Variante, wie ich meine.«
Levi war jetzt kreidebleich.
»Ich glaube, auch Ihrer Mutter kommt das zugute. Sie hat einen sehr verunsicherten Eindruck gemacht. Vergessen Sie niemals, dass Ihre Mutter Sie liebt.«

Levi stand auf und ging zum Fenster. Er blickte auf den Innenhof hinaus. Hinter ihm erhob sich der Richter.
»Nun gut, ich verabschiede mich. Wenn alles gut geht, dann sehen wir uns nicht mehr,« sagte er mit wohlmeinendem Ton.
Ein paar Sekunden vergingen. Levi rührte sich nicht. Der Richter verabschiedete sich und verließ das Klinikzimmer.
Levi starrte einen Raben an, der draußen im Baum saß und laut krächzte.


Er fühlte sich in die Zeit in der Kinderklinik zurückversetzt. Nur war es hier schlimmer.
Es gab keinen Moment, in dem er nicht beobachtet wurde. Zu jeder Tages- und Nachtzeit waren Pfleger und Ärzte unterwegs, überall waren Kameras. Und überall betäubte Patienten.
Jetzt kam er gegen die Medikamente nicht mehr an, es half nicht, sie im Mund zu behalten.

30.07.2000

»Sie haben die Tablette nicht geschluckt«, sagte die übergewichtige Pflegerin. »Los, schlucken Sie.«
»Nein.«
»Kommen Sie, ich muss zum nächsten Patienten. Sie sind doch einer der Vernünftigsten hier.«
Levi deutete auf seinen Zimmernachbarn, der in seinem

Bett lag und ins Nichts starrte. »Damit ich so ende wie er? Ich schlucke dieses Zeug nicht.«

Die Pflegerin seufzte. »Muss ich jetzt wirklich den Arzt rufen?«

»Müssen Sie nicht. Genauso wenig, wie ich die Tablette nehmen muss.«

Fünfzehn Minuten später kam der Arzt, zusammen mit zwei männlichen Pflegern. Die Pflegerin war längst den Flur hinunter, bei den nächsten Patienten.

»Levi, machen Sie es sich nicht schwer. Sie haben die Medikamente doch die letzten Tage auch genommen.«

»Nein, habe ich nicht.«

Der Arzt hielt ihm eine kleine Schale hin, in der zwei Tabletten lagen, eine zur Stimmungsaufhellung, die andere gegen die Psychose. »Es wird Ihnen helfen.«

Levi rückte auf seinem Bett zurück, bis er an der Wand lehnte. Er spürte die Angst, die aus seinen Erinnerungen von der Kinderklinik in ihm aufstieg. Ihm war klar, dass er gegen diese Leute nichts ausrichten konnte, dass sie gewinnen würden, aber er konnte nicht anders. Er musste es versuchen. Zumindest versuchen. Er schüttelte den Kopf.

»Nun gut. Dann müssen wir es eben über die Spritzen machen.« Der Arzt ging aus dem Zimmer und kam einen Moment später wieder herein. »Geben Sie mir Ihren Arm.«

»Nein.«

»Levi, bitte. Reißen Sie sich zusammen. Was ist denn so schlimm an den Medikamenten?«

Er sah den Arzt an. »Sie holen mich weg von mir. Sie

heilen nicht, sie machen krank. Sie betäuben, was klar sein muss.« Levi zeigte wieder auf seinen Zimmergenossen. »Oder bezeichnen Sie seinen Zustand etwa als heilsam? Inwiefern geht es ihm jetzt besser als vor seiner Einlieferung? Ihm wäre mehr geholfen, wenn Sie ihn wie einen Menschen behandeln würden. Er tickt aus und beißt andere Leute? Gut! Suchen und studieren Sie die Ursache! Aber hören Sie auf, die Symptome zu betäuben und ihn in diesen Zustand zu versetzen. Sie bringen ihn damit nicht nur um, sondern schaden auch seiner Seele.«
Der Arzt setzte ein Lächeln auf. »Es geht um Sie, Levi, nicht um ihn. Lassen Sie seine Genesung meine Sache sein. Und nun geben Sie mir Ihren Arm. Ich versichere Ihnen, dass wir nichts tun, was Sie in irgendeiner Weise krank macht oder Ihnen anderweitig schadet.«
»Sie haben ja keine Ahnung! Warum sind Sie so stur? Warum glauben Sie mir nicht, obwohl es um mich geht, wie Sie selbst sagen?«
»Geben Sie mir jetzt Ihren Arm, Levi.«
»Nein.«
»Ist Ihnen klar, dass Sie mit diesem Verhalten Ihren Aufenthalt hier nur verlängern?«
Levi presste die Lippen aufeinander.
Der Arzt seufzte und gab den Pflegern mit der Hand ein Zeichen. Sie traten zu Levi ans Bett. Levi sah zwischen ihnen hin und her. Sie griffen gleichzeitig zu. Er wehrte sich nicht.

04.08.2000

Vier Tage und vier Nächte dauerte es, bis Levi wieder klar denken konnte.
Von jetzt an nahm Levi die Tabletten. Er schluckte sie und tat, was diese Fremden von ihm wollten. Denn für ihn gab es nur ein Ziel: herauszukommen aus diesem Irrenhaus, in dem nicht die Insassen die Verrückten waren.

16.08.2000

»Levi, möchten Sie nicht rüberkommen und mitspielen? Andreas braucht einen Gegner in Halma.«
Levi saß im Aufenthaltsraum am Fenster und sah hinaus. Jeden Tag mussten sie hier zwei Stunden verbringen, immer abends vor dem Essen. Die Pfleger versuchten sie zu beschäftigen, was sich angesichts der vielen benebelten Patienten allerdings schwierig gestaltete. Nur wenige waren einigermaßen bei sich, und diese waren so verschroben, dass man kaum mit ihnen sprechen konnte. Auf den anderen Stationen gab es einige, die versuchte Suizide hinter sich hatten, solche, die sich geritzt hatten, also Menschen, mit denen man hätte sprechen können, aber nicht auf Levis Station. Hier waren die harten Fälle, Menschen, die um sich schlugen, wenn man sie nicht unter Drogen setzte.
Und Levi.
Seine Mutter hatte ihm bei ihrem letzten Besuch einen Discman und CDs mitgebracht, die Phil ihm gebrannt hatte. Das war das Beste, was ihm hier bisher passiert war.

Doch im Aufenthaltsraum durfte er nur begrenzt Musik hören. Sie wollten, dass er sich mit den anderen beschäftigte, sogenanntes Sozialverhalten zeigte.

Levi drehte sich auf dem Stuhl um, klemmte die Lehne unter die linke Achsel und sah zur Pflegerin hin. Sein Blick fiel auf Andreas, auf den Mann, der nach einer Kopfverletzung solche Ausraster bekommen hatte, dass er sein eigenes Kind beinahe totgeschlagen hätte. Jetzt saß er mit ausdruckslosem Blick am Tisch, das Kinn fast auf dem Spielbrett, und wippte mit dem Oberkörper vor und zurück. Levi schüttelte den Kopf, um der Pflegerin zu sagen, dass er nicht mit Andreas spielen wollte.

In diesem Moment erschienen die Drillinge. Levi hätte vor Schreck fast aufgeschrien, denn seit er diese Medizin nehmen musste, hatten sie sich nicht mehr blicken lassen. Ihm traten vor Erleichterung Tränen in die Augen.

»ICH BIN DER WEG, DIE WAHRHEIT UND DAS LEBEN.«

Levi sah zu den anderen Leuten hinüber, aber keiner achtete auf ihn. Auch die Pflegerin nicht. Er sah die Drillinge wieder an.

»ES GESCHIEHT NACHTS. EIN MANN WIRD DEN ATEM DES LEBENS VERLIEREN UND DEINE HILFE BRAUCHEN.«

Levi runzelte die Stirn. Er machte den Mund auf, schloss ihn aber schnell wieder. Ein erneuter Blick zu den anderen folgte.

»FÜRCHTE DICH NICHT. DU BIST LICHT UND REIN, DAS DUNKLE WESEN IST BEZWUNGEN. SEI STILL UND WISSE: ICH BIN GOTT.«

Und weg waren sie.
Levi starrte dorthin, wo zuvor noch ihre Gesichter gewesen waren. Er fühlte Ruhe in sich aufsteigen. Sie hatten gesagt, das dunkle Wesen sei bezwungen, und er wusste ganz sicher, was sie damit meinten. Sie meinten den schrecklichen Mann, den Levi auf dieser Toilette im Spiegel gesehen hatte und der in Levis Körper eingetreten war, weil er sich irgendwie durch die Drogen dafür geöffnet hatte. Der Mann war fort, Levi war befreit von ihm.
Aber was sollte er anfangen mit dem Gerede über den Atem des Lebens? Was wollten sie von ihm?
Levi drehte sich wieder um. Er setzte sich den Kopfhörer auf und schaltete den Player an.

Mitten in der Nacht wurde er wach. Er blinzelte in die Dunkelheit. Etwas stimmte nicht.
Er setzte sich auf und blickte in Richtung Tür. Ich muss da raus, dachte er. Kurzerhand kam er auf die Beine und trat auf den Korridor hinaus, der in der fahlen Nachtbeleuchtung vor ihm lag. Er blieb stehen, sah zu der gläsernen Front hinüber, hinter der der wachhabende Pfleger in seinem Büro am Schreibtisch saß und erwiderte dessen Blick. Levi wandte sich nach links, ging zielstrebig los und öffnete die Tür zum Nachbarzimmer.
Levi schaltete das Licht ein. Im Bett vor ihm lag der ältere Mann, den er vom Sehen kannte. Der Mann zuckte am ganzen Körper wie unter Krämpfen. Vor seinem Mund stand Schaum, seine Augen waren weit aufgerissen.

»Hilfe!«, brüllte Levi, weil er sofort wusste, was los war. Ein Mann wird den Atem des Lebens verlieren, hatten die Drillinge gesagt. »Hilfe!«, rief er noch einmal, und schon stand er am Bett und griff nach der Schulter und der Hüfte des Mannes, der immer noch wie verrückt zuckte und krampfte. Levi hievte ihn herum, so dass er jetzt auf der Seite lag, und dann war schon der Pfleger bei ihnen. »Weg!«, sagte der und stieß Levi zur Seite. Er beugte den Kopf des Mannes nach hinten und nach unten, und in der nächsten Sekunde hörten sie, wie der Mann laut keuchte. Er konnte wieder atmen.

Der Pfleger richtete sich auf und warf einen knappen Blick auf Levi. »Raus hier«, sagte er und machte damit weiter, sich um den Mann zu kümmern.

Levi ging zurück in sein Zimmer.

Eine halbe Stunde später klopfte es an seine Tür und der Pfleger kam herein. Er wirkte müde, aber erleichtert. Levi hatte nicht schlafen können, er saß auf dem Stuhl an dem kleinen Tisch neben dem Bett und las in einem Comic. »Danke«, sagte der Pfleger, der bei der Tür stehenblieb. »Sie haben ihm das Leben gerettet. Woher wussten Sie, was los ist?«

Eine Weile blickte Levi den Pfleger nur stumm an. »Hab ein Geräusch gehört«, log er. »Was hatte mein Zimmernachbar?«

»Einen epileptischen Anfall. Dabei hat er seine Zunge verschluckt. Das kommt vor.« Der Pfleger wünschte ihm eine gute Nacht und schloss die Tür.

Levi wandte sich wieder dem Comic zu. Er wusste, dass Epilepsie eine Nebenwirkung der Medikamente sein konnte. Wahrscheinlich würden sie seinem Nachbarn morgen eine neue Mixtur servieren, um das zukünftig zu verhindern.

26.09.2000

»Was hast du zu ihr gesagt?«
Phil spähte immer wieder zu dem Betreuer hin, der mit ihnen im Besucherzimmer saß. »Na ja, dass du Schluss machst.«
»Was hat sie gesagt?«
»Was schon, Mann? Sie hat geheult und gemeint, dass sie das nicht glaubt.« Phil beugte sich über den Tisch. »Sie weiß ... Sie weiß ja nicht, dass du nach dieser Party eingeliefert worden bist.«
Levi senkte den Blick. »Klar. Ist gut so.«
»Was hätte ich tun sollen? Ich hab dir versprochen, niemandem davon zu erzählen. Nicht mal Kathi.«
»Ja.«
»Soll ich zu ihr gehen und es ihr sagen?«
Levi schüttelte den Kopf. »Besser nicht.«
Sie schwiegen einen Moment.
»Können wir nicht rausgehen, spazieren oder so?« Phil sah wieder zum Betreuer hin. »Nichts für ungut, aber hier drinnen ist's wirklich komisch.«
»Ich darf nicht raus.«
»Gar nicht?«
»Nur in Begleitung.«
»Dann nehmen wir ihn halt mit.«

Der Betreuer erwiderte Phils Blick, reagierte aber nicht.
»Das geht nicht. Lass es gut sein.«
Phil seufzte. »Wie lang musst du denn jetzt noch bleiben? Wie lang brauchen die denn, damit sie checken, dass du nicht irre bist?«
Levi senkte den Blick wieder. »Noch einen Monat.«
»Noch einen! Alter, das sind ja dann drei Monate! Was geht hier ab!«
Levi sagte nichts.
»Du hast zugenommen.«
»Das kommt von den Tabletten.«
»Was musst du denn nehmen?«
Levi sah Phil an. »Danke für die CDs. Die retten mir das Leben.«
»Klar, ist das Mindeste. Eh Hammer, dass das so ein Akt ist, dich besuchen zu dürfen. Ich musste einen Monat warten, bis die das genehmigt haben, sonst wäre ich schon längst hier gewesen.«
»Ich weiß.«
»Deine Mutter ist ja auch nicht sehr mitteilungsfreudig. Lässt sich alles aus der Nase ziehen.«
Levi verschränkte die Hände auf dem Tisch. »Erzähl, was gibt es Neues?«
Phil zuckte mit den Schultern. »Na ja, schwer, das jetzt zu sagen. Viel ist passiert, aber wo fängt man an? Ich hab eine.«
»Echt?«
»Ja, Lydia. Du kennst sie nicht, hab sie in 'ner Disko aufgegabelt. Wir sind schon fünf Wochen zusammen, scheint sich was anzubahnen. Du magst sie, bin ich mir sicher.«

»Wenn du sie magst.«

»Ja. Aber reden wir von was anderem, ist jetzt nicht so gut. Wegen Kathi, mein ich.«

»Schon in Ordnung.«

Phil musterte ihn. »Ich muss das jetzt einfach fragen. Was war denn nur los auf der Party?«

Levi senkte den Blick wieder. »Nicht jetzt.«

»Gut. Verstehe. Aber es ist alles okay, oder?«

Er musste grinsen. »Okay? Ich sitze in der Klapse! Gar nichts ist okay.«

Phil hob die Brauen.

»Ja, ich weiß, wie du das meinst«, sagte Levi. »Es ist alles in Ordnung, keine Angst.«

»Entschuldige wegen dem Zeug, du weißt schon. Ich hätte dich abhalten müssen.«

»Blödsinn. War ganz allein meine Sache.«

Phil griff nach seinem Rucksack, zog ihn auf seinen Schoß und öffnete ihn. »Ich hab noch ein paar CDs für dich gebrannt.« Er holte einen Stapel heraus und legte ihn auf den Tisch. »Ein paar neue Alben und so. Hör dich durch, hast ja jetzt reichlich Zeit.«

Levi nahm die CDs, schaute sie durch und las Scheibe für Scheibe die handgeschriebenen Titel. »Oh Mann, das ist besser als Geburtstag und Weihnachten zusammen! Danke!«

»Logisch.«

»Hast was gut bei mir.«

»Ich werde dich dran erinnern. Sag mal, was machst du hier den ganzen Tag?«

Levi lehnte sich im Stuhl zurück. »Nichts Gescheites. Sind

verschiedene Therapiesachen, die man mitmachen muss. Und so dämliche Freizeitbeschäftigungen wie Sport und so. Die meiste Zeit langweile ich mich.«
»Glaub ich dir. Mir kommt's hier zu sehr nach Gefängnis vor.« Er deutete auf die Kamera über der Tür.
»Es *ist* ein Gefängnis.«
»Wir müssen zusehen, dass du nicht noch mal hier reinkommst.«
»Habe ich nicht vor.« Levi senkte den Blick. »Wie geht es Kathi denn?«
Phil machte eine Pause. »Gut.«
Levi musterte ihn. »Sie hat einen Neuen, oder?«
»Mann!« Phil verdrehte die Augen. »Muss das jetzt sein? Mach es dir doch nicht noch schwerer! Vergiss sie.«
»Hat sie einen Neuen?«
»Nein. Aber sie schleppt ständig irgendwelche Kerle ab. Die anderen reden schon. Ich glaub, sie kommt nicht klar, dass zwischen euch Schluss ist.«
Levi sah auf die Tischplatte.
»Jetzt lass das sein. Du kannst es nicht ändern. Warte ab, bis du wieder draußen bist, dann wird sich schon zeigen, wie es mit euch weitergeht.«
»Es wird nicht weitergehen.«
»Quatsch. Weißt du doch jetzt noch nicht.«
Levi lächelte traurig.
Phil seufzte. »Also gut, warum wird es nicht weitergehen?«
»Weil sie nicht mich heiraten wird.«
»Das hast du gesehen?«
Levi nickte.

»Warum machst du dich dann so fertig?«
»Es ist trotzdem scheiße.«
Phil nickte.
»Wie ist der Zivildienst?«
»Die reinste Freude.« Phil grinste. »Ich gehe und komme, wie es mir gefällt. Na ja, beinahe. Jedenfalls ist da nicht viel los.«
»Wirst du danach die Europatour machen?«
»Ich weiß noch nicht. Bock hätte ich schon, aber ich bin auch schon ganz wild aufs Studium.« Phil musterte ihn wieder. »Was hast du im Anschluss eigentlich vor? Aus einem Studium wird ja jetzt wohl erst mal nichts, oder?«
Levi schüttelte den Kopf. »Ich komme zu spät hier raus. Ich lasse mich berenten.«
»Wie bitte?«
»Ist schon in die Wege geleitet. Wegen meiner Psychose.«
Phil starrte Levi an. »Was sind das für Tabletten, die sie dir geben? Spinnst du, oder was? Du machst Witze!«
»Lache ich?«
»Hey, alles was recht ist, aber das kann nicht dein Ernst sein! Du bist achtzehn! Du kannst doch jetzt nicht in Rente gehen! Du versaust dir dein ganzes Leben, Mann!«
»Das erkläre ich dir, wenn wir alleine sind.«
»Das wirst du mir nie erklären können.«
»Wollen wir wetten?«
Phil betrachtete seinen Freund eine Weile. »Hat es was mit *dem* zu tun?«
»Ja. Ich habe einen Weg gefunden, wie ich damit Leuten helfen kann.«

»Machst du doch eh dauernd. Dafür musst du nicht in Rente gehen.«

»Doch. Du verstehst das jetzt nicht.«

»Stimmt. Bin ja mal gespannt.«

Levi grinste. »Du magst keine Geheimnisse.«

»Ich hasse sie.«

Der Betreuer meldete sich zu Wort. »Die Zeit ist um.«

Phil warf einen Blick auf seine Armbanduhr. »Blöd. Ist aber schnell gegangen.« Er stand auf und schulterte seinen Rucksack. »Ich komme wieder. Ich stelle noch heute den nächsten Antrag.«

Levi stand ebenfalls auf. »Dann kannst du mich gleich abholen, bis der genehmigt ist.«

»Nichts lieber als das.« Phil ging um den Tisch herum und stellte sich vor Levi hin. Sah ihn an, blickte zu Boden, streckte die Arme aus.

Levi lachte. »Versuchst du gerade, mich zu umarmen? Werd jetzt bloß nicht sentimental!«

Phil lachte auch, ließ die Arme wieder sinken. »Also gut.« Er schlug Levi die Faust sachte gegen die Schulter. »Dann eben so.«

»Schon besser.«

Der Betreuer öffnete die Tür, Phil ging hinaus. Er drehte sich noch mal um, zwinkerte Levi zu, und dann war er verschwunden.

# NACHWORT

Eine Psychose sei ein »Symptomkomplex (Syndrom), der durch Halluzinationen, Wahn, Realitätsverlust oder Ich-Störungen gekennzeichnet ist«, sagt *Wikipedia,* und es wird hinzugefügt, der Begriff sei »unscharf definiert«. Tatsächlich ist nicht klar, was es mit den vielen psychischen Störungen und Normabweichungen auf sich hat. Und so ist auch das Ende meines Romans unklar und lässt viele Fragen offen.

Als ich »Levi« im Sommer 2012 veröffentlichte, sah ich mich drei Monate später dazu veranlasst, ein Nachwort beizufügen, weil mich viele Leserinnen und Leser mit Fragen kontaktierten:

»Wieso endet das Buch so plötzlich?«

»Was ist mit Levis Vater, was mit Karoline und Phil?«

»Ist Levi nun verrückt oder nicht?«

»Warum kann er Karolines Zukunft nicht sehen?«

Oder: »Inwieweit hat Levi das Recht oder sogar die Pflicht, in anderer Leute Leben einzugreifen?«

Um eine – meist unausgesprochene – Frage gleich vorwegzunehmen: »Levi« ist nicht autobiographisch. Ich habe auch keine Begabungen wie Levi. Und wie es sich in psychiatrischen Kliniken verhält, weiß ich nicht. Aber natürlich habe ich für dieses Buch Fachartikel und Erfahrungsberichte gelesen. Besonders beeinflusst war ich von den Schilderungen einer betroffenen Mutter in einem Internet-Forum.

Was die vielen Fragen betrifft, die »Levi« aufwirft, so

schrieb ich im Nachwort von 2012, dass ich selbst keine Antworten besitze und auch keine diktieren wolle. Mich lasse der Roman in manchen Hinsichten genauso nachdenklich und ratlos zurück wie den Leser, und darum wolle ich mir nicht anmaßen, Levi zu diagnostizieren oder diese Geschichte zu interpretieren. Mir sei es nur darum gegangen, die Thematik aufzugreifen und die Fragen zur Diskussion zu stellen.

Das war aber nicht die ganze Wahrheit.

Ein Jahr vor Erscheinen von »Levi« hatte ich einen Unfall und ein Nahtoderlebnis. Die Frage, was die Wirklichkeit ist und wie verrückt Menschen tatsächlich sind, die mehr sehen als andere, drängte sich mir auf. Plötzlich war ich selbst betroffen. Ich fragte mich mit Interesse und mit Selbstzweifeln: Wie wirklich war das, was mir während des Nahtoderlebnisses passiert war? Diese Frage beschäftigte und verunsicherte mich, und als ich »Levi« herausgab, war ich nicht bereit, meine eigene Erfahrung zur Debatte zu stellen. Die Veröffentlichung des Buches war schon gewagt genug.

All die Jahre begleitete mich Levi auf Schritt und Tritt. Nicht jeden Tag dachte ich an ihn, zeitweise verlor ich ihn ganz aus den Augen, aber er kam mir doch immer wieder in Erinnerung, auch mit klareren Bildern. Dies führte dazu, dass ich 2021 den Roman stilistisch überarbeitete und verfeinerte und ihm einen neuen Untertitel und ein neues Titelbild gab.

In den Jahren nach dem Unfall lernte ich, meinen Erfahrungen und Erlebnissen zu vertrauen. Ich traute mir zu, Trugbilder von der Wirklichkeit unterscheiden zu

können – das ist ja auch nicht so schwierig, wie uns oft weisgemacht wird. Jedes Kind kann Halluzinationen von der Wirklichkeit unterscheiden, wenn man es nicht falsch beeinflusst. Und meine Eltern haben mich schon früh zu Selbstständigkeit ermutigt und sagten mir öfter, dass Menschen, die einen Titel haben, nicht zwangsläufig immer Recht haben müssen. Dies ist mittlerweile hinlänglich bekannt. Es geht sogar so weit, dass Ärztefehler zu den häufigsten Todesursachen gehören, ganz zu schweigen von Diagnosefehlern und Diagnosen, die auf Interpretationen gemäß vorgefassten Konzepten beruhen.
Die Rätsel des Lebens und der menschlichen Psyche sind noch längst nicht gelöst. Levi ist mit seinen Fähigkeiten kein Einzelfall, keine Ausnahmeerscheinung, auch wenn er eine fiktive Figur ist (die ich mir allerdings nicht ausgedacht habe; wie meine Romane entstehen, erfahren Sie auf den Folgeseiten). Die Welt ist voller »Levis«, nur weiß unsere Gesellschaft nicht mit ihnen umzugehen. Zeigt ein Kind sogenannte übernatürliche Fähigkeiten, werden diese abgelehnt, unterdrückt und nicht selten auch »therapeutisch« bekämpft. Das Kind wird dann glauben, es sei nicht normal, sondern krank. Im besten Fall verleugnet sich ein solches Kind selbst, um in das gesellschaftliche Korsett zu passen, im schlimmsten Fall ruiniert die Ablehnung und Bekämpfung seiner Fähigkeiten seine Existenz und es wird an den Rand der Gesellschaft gedrängt. Solche Menschen – Kinder und Erwachsene – leben im »Schattenbereich der Normalität«.
»Ich trinke, weil ich dann grober fühle«, sagt Levi zu Karoline.

Was ist normal? Seit 2020 zeigt sich, wie schnell das, was wir gestern noch für unmöglich hielten, heute schon zur neuen Normalität werden kann.

Wie sähe eine Welt aus, in der Levis Fähigkeiten normal wären? Wie wäre Levis Leben dann verlaufen? Wäre eine solche Welt nicht viel normaler – menschlicher – als das, was wir täglich in unserer »normalen« Zivilisation zelebrieren?

Und so fragte auch ich mich: Was ist aus Levi geworden? Hat er die Kurve gekriegt?

Ich erhielt keine Antworten. Levi schwieg und schweigt weiterhin.

Aber ach, ich kann's mir nicht verkneifen: Ich wünsche mir, dass es ihm gut geht, und ich stelle mir vor, dass er noch immer mit Karoline zusammen ist und sie gemeinsam alle Hürden nehmen und jede Schwierigkeit meistern. Und Phil, nun, sicher hat er geheiratet und ist weiterhin der treue Freund, der Levis und Karolines Leben mit seinem Lachen und seiner Schlagfertigkeit würzt.

Melanie Meier, Juli 2021

# ANHANG

*Persönliche Bemerkung zu meinen Romanen*

*Chronologischer Überblick über meine Romane*

*Was sind Para-Romane?*

## Persönliche Bemerkung zu meinen Romanen

Meine Romane unterscheiden sich stilistisch sehr voneinander. Wenn man andere Autoren liest, kann man davon ausgehen, dass ihre Werke jeweils ähnlich gestrickt und aufgebaut sind. Meine hingegen entstehen aus den Figuren heraus, und darum sind sie voneinander oft so verschieden, dass der Eindruck entstehen könnte, sie stammten nicht von derselben Autorin. Auch innerhalb eines Romans wechselt der Stil mehrmals, je nachdem, aus welcher Perspektive ich während des Schreibens auf das Geschehen sehe. Wenn ich eine neue Geschichte niederzuschreiben beginne, die rein gar nichts mit dem Buch aus dem Vorjahr zu tun hat, verändert sich dementsprechend auch der ganze Stil.

Spätestens seit meiner »Einweihungserfahrung« Anfang 2017 (die in engem Zusammenhang mit meinem Nahtoderlebnis von 2011 steht) ist für mich klar: In unserer Welt ist nicht alles nur Licht, Liebe und Schönheit, auch wenn wir in diesen Qualitäten beheimatet und von ihnen getragen und gehalten sind. Es gibt gute Gründe, den Blick auch auf das Übel, die Dunkelheit und die Schatten zu richten.

Für manche Leserinnen und Leser mag es vielleicht überraschend sein, welche Inhalte sie in einigen Abschnitten meiner Romane vorfinden. Viele trauen mir nicht zu, dass ich dergestalt in »dunkle Tiefen« eintauche, und sind erstaunt oder gar irritiert.

Die Erklärung dafür ist ganz einfach: Ich denke mir keine der Geschichten aus, die ich niederschreibe. Sie stammen

nicht von mir oder sind vorher auf irgendeine Art und Weise entworfen. Sie sind fiktiv, aber nicht konstruiert. Meine Romane beginnen zumeist mit dem ersten Satz. Dieser fällt mir jäh zu, oft im Halbschlaf, kurz vor dem Erwachen oder Einschlafen. Sobald ich ihn niedergeschrieben habe, beginnen vor meinem inneren Auge Bilder zu entstehen. Ich sehe Menschen, die etwas tun und sagen, erblicke Handlungsabläufe und Zusammenhänge. Im Anschluss wende ich mich erst einmal diesen Menschen zu und »beobachte« sie, versuche sie psychologisch zu ergründen: Was macht er dort? Warum macht er das? Wie kommt er zu so einer Handlung? Was geschah in seiner Vergangenheit? Weshalb diese Handbewegung / dieses Hinken / dieser spezielle Gesichtsausdruck / diese Narbe / diese Schwäche / diese Begabung etc.?
Es ist wichtig, dass ich die handelnden Menschen verstehe, die sich mir präsentieren. Oft schreibe ich deshalb ganze Handlungsabläufe nieder, ohne dass sie im Roman Aufnahme finden. Darin erklären mir die Protagonisten, warum sie bestimmte Eigenschaften haben, und je besser ich sie verstehe und in sie »hineinfinde«, desto authentischer wird das Endresultat. Denn ich sehe ja nur Bilder vor dem inneren Auge ablaufen und möchte im Anschluss so detailgetreu wie möglich wiedergeben, was ich sehe. Die Interpretation meinerseits darf nicht misslingen, zumindest ist das mein Bestreben.
Wenn ich nun also mit dem Schreiben des Romans beginne, fächern sich vor mir diese Abläufe auf. Es hat viel Überwindung und Übungszeit gekostet, nicht in diese Abläufe einzugreifen und die Geschichte nicht so zu

lenken, wie ich mir das vorstelle oder für besser befinde. Gott weiß, wie oft ich vor so mancher Entwicklung zurückschrak und mich mitunter monatelang weigerte, weiterzuschreiben, nur weil sich mir offenbarte, wohin die Reise geht. Als ich beispielsweise erkannte, was in Band 2 der Fourfold-Saga, »Der Rote Drache«, geschehen würde, pausierte ich ein geschlagenes halbes Jahr lang und kämpfte innerlich mit mir, weil ich mich vor einer gewissen »Begegnung« fürchtete. Und oft passieren Brutalitäten, die mich bestürzen und die ich am liebsten ignorieren würde, die jedoch die Handlung und die Menschen prägen und den weiteren Verlauf der Geschichte bestimmen.

Bei jedem Roman habe ich die wunderbare Erfahrung gemacht, dass hinter allen Handlungsabläufen, die sich mir zeigten, ein tieferer Sinn lag – vorausgesetzt, ich pfuschte nicht dazwischen und fand den Mut, das Gesehene hinzuschreiben. Wie oft fragte ich mich, wie diese so verworrene Geschichte nur zu einem plausiblen und guten Ende finden soll, und war dann umso erstaunter und ergriffener, als sich ein paar Seiten später alles so stimmig fügte ... so stimmig, wie ich es mir nie hätte ausdenken können!

Wie eingangs erwähnt, gibt es gute Gründe, den Blick auch auf das Übel, die Dunkelheit und die Schatten zu richten. Wenn keiner hingeht, um die verbarrikadierten Fenster aufzureißen, wie soll dann das Sonnenlicht ins Zimmer strömen?

Die meisten meiner Romanfiguren sind solche Krieger. Sie blicken nicht nur in die Finsternis, sie gehen mitunter direkt in sie hinein, stets in dem Bestreben, alle daraus zu befreien, die sich darin verirrt haben, und vor allem wollen sie denjenigen die Hand reichen, die die Finsternis erzeugen.

Im noch unveröffentlichten Band 4 der Fourfold-Saga tritt der Captn des Clans einem solchen »Dunkelwesen« gegenüber. Er streckt ihm die Hand hin und sagt: »Komm, Bruder, folge mir.« Als dieser sich weigert und abwendet, in der Absicht, seinen teuflischen Plan weiter auszuführen, ruft ihm der Captn nach: »Wir [der Fourfold-Clan] werden kämpfen, wir werden siegen, doch ich werde immer mit ausgestreckter Hand auf dich warten.«

Meine Romane sind sicherlich nicht für jeden Leser geeignet. Nicht jeder hat die Aufgabe, in die Dunkelheit zu blicken oder gar in sie hineinzugehen. Aber wer sich auf eine dieser Reisen begibt, trägt zusammen mit den Protagonisten zur kollektiven Durchlichtung der Finsternis bei.

# Chronologischer Überblick über meine Romane

**Levi. Schattenbereich der Normalität** (Roman)
»Levi« entstand innerhalb von zwei Wochen und ein paar Monate nach meinem Nahtoderlebnis von Anfang 2011. Diesen Roman schrieb ich wie in Trance, und darum sage ich gern, der Roman sei aus mir »herausgefallen«.
Darin beschäftige ich mich mit der Frage, was die Wirklichkeit ist und wie verrückt Menschen tatsächlich sind, die mehr sehen als andere (beispielsweise während einer Nahtoderfahrung). Levi ist hellsichtig und wird deshalb schon als Kind in Psychiatrien eingewiesen.
Stilistisch unterscheidet sich »Levi« sehr von meinen anderen Werken: Da ich selbst keine Antworten auf die in der Geschichte auftauchenden Fragen hatte, begnügte ich mich damit, nur die Fragen aufzuwerfen und sie »monumental« vor mich und den Leser hinzustellen.

**Die Loki von Schallern-Romane** (Mystery-Thriller)
*Trilogie und eBook-Serie*
Die Loki-Bücher waren mein erster großer, mehrere Bände umfassender Romanzyklus. Darin stehen die übernatürlichen Gaben einiger Charaktere symbolisch für die paranormalen Fähigkeiten, die in allen Menschen potenziell vorhanden sind. In den Romanen müssen die »Begabten« ihre Kräfte verbergen, da die Weltgeschichte einige Beispiele kennt, in denen aus Angst und Neid gegen die »Begabten« vorgegangen wurde, viele wurden sogar ermordet. Loki von Schallern, selbst hochbegabt, gehört zu einer Vereinigung, die dafür sorgt, dass die Identität

der »Begabten« geheim bleibt und dass entsprechende Morde aufgedeckt werden, egal wer dahintersteckt, auch global einflussreiche Personen ...
Loki war für mich die bisher größte Herausforderung. Es dauerte fast zwei Jahre, bis ich ihn endlich verstand und authentisch erfasste. Erst dann konnte ich mit dem eigentlichen Schreiben der Romane beginnen. Ich musste mich dazu auch in Lokis Wissensgebiete einarbeiten und vor allem mein rationales Denken trainieren, damit ich mit Loki Schritt halten konnte.
Loki von Schallern begleitete mich durch die mitunter schwere Zeit zwischen dem Nahtod- und dem Einweihungserlebnis, und es war erstaunlicherweise gerade sein scheinbar nüchterner Intellekt, der für mich in dieser Zeit von unermesslichem Wert war.

**»EinBlick«** (Mystery-Krimi)
Mit »EinBlick« kämpfte ich ebenfalls, aber auf andere Weise. Im Vordergrund steht die menschliche Wahrnehmung und die Frage, wie viel sie mit der Wirklichkeit zu tun hat: Der Hauptprotagonist Tizian Wolff hat die übernatürliche Fähigkeit, in die Wahrnehmung seiner Mitmenschen »einzudringen«. Er sieht, hört, schmeckt, riecht, denkt usw., was sie sehen, hören, schmecken, riechen, denken. Tizian gehört als Ermittler zu der Vereinigung, der auch Loki von Schallern angehört, er ist sogar sein Untergebener (hier beginnt die Verknüpfung meiner Romane, die zwar in sich abgeschlossen sind, aber seither stets miteinander zu tun haben).
»EinBlick« ist das grausamste meiner Bücher, denn darin

kommt eine psychotische Mörderin vor, die vor allem mich das Fürchten gelehrt hat. Es endet zwar gut – es endet mit der bedingungslosen Liebe eines Mannes zu seiner Schwester –, doch als ich den Roman endlich abgeschlossen hatte, stand für mich fest: Wenn nur irgend möglich (und das habe ich leider nicht immer in der Hand), möchte ich keinen solchen Figuren mehr begegnen und mich in sie hineinfühlen müssen. Keine Krimis mehr! ☺

»EinBlick« markierte mehr oder weniger das Ende meiner Auseinandersetzungen mit dem Nahtoderlebnis und der Frage, was die Wirklichkeit ist.

### Die Fourfold-Saga (Fantasy-Reihe)

Mit Band 1 der Fantasy-Saga begann ich etwa zwei Monate vor meinem »Einweihungserlebnis« Anfang 2017. Alles begann wie so oft mit dem ersten Satz: »Collem S. Byre machte sich auf die letzte all seiner Reisen.« Hatte ich bei Loki von Schallern und »EinBlick« zu Beginn der Schreibphase in etwa gewusst, was es mit den Protagonisten auf sich hat, war ich hier völlig ahnungslos. Diesmal musste ich mich auch nicht lange mit psychologischen Analysen aufhalten, denn ich wusste von Anfang an: Nun steht die Handlung im Vordergrund, und sie wird sehr wichtig werden.

Der Fourfold-Clan besteht aus vier Brüdern, die gerade durch ihre Verschiedenheit eine Einheit darstellen, vergleichbar mit einem Körper und seinen Gliedmaßen. Sie durchreisen nicht nur die Zeiten, sondern auch die Welten, die sich an der »Weltenachse« drehen. Und sie sind es, die die Welten in ein neues goldenes Zeitalter begleiten sollen. Dabei steht ihnen ein anderer Clan feindlich gegenüber, nämlich der, der das auslaufende Zeitalter beherrschte und diese Macht nicht verlieren möchte.

Dass ich dereinst eine solche Geschichte schreiben werde, war mir schon als Jugendliche bewusst. Undeutlich sah ich immerzu eine Einheit von Menschen vor mir, die eine gewichtige Aufgabe hat, doch sobald ich versuchte, klarer zu sehen und es aufzuschreiben, entzogen sich mir die Bilder. Als ich Ende 2016, nach Abschluss von »EinBlick«, jenen ersten Satz niederschrieb, ahnte ich noch nicht, dass es so weit war – ein paar Seiten später dämmerte es mir, und meine Freude war riesig.

Band 1 bis 3 sind geschrieben und veröffentlicht, und bald folgt Band 4. Das neue goldene Zeitalter lässt noch auf sich warten, aber ich hoffe sehr, es wird sich mir auf den Seiten, die ich noch schreiben darf, bald in voller Blüte präsentieren.

## Was sind Para-Romane?

»Para-Romane« ist eine Wortschöpfung von Melanie Meier und Armin Risi, ursprünglich geschaffen als Genre-Bezeichnung für Melanies Romane, die je nach Buch als mystische Geschichten, als Mystery- oder Psycho-Thriller, als Fantasy, als paranormale oder kafkaeske Science-Fiction usw. beschrieben werden können.

Melanie Meiers Romane sind genre-übergreifend. Einige sind wie Thriller oder wie Kriminalromane aufgebaut, gehen inhaltlich aber über diese Grenzen hinaus. Die Loki von Schallern-Trilogie beispielsweise wird als Thriller eingeordnet, was durchaus zutreffend ist, aber diese Bücher weisen auch paranormale, ja mitunter phantastische Einschläge auf. (Loki von Schallern ist ein Agent mit einer übernatürlichen Fähigkeit.)

Das Präfix para- stammt aus dem Griechischen und bedeutet u.a. »neben, bei, im Vergleich mit«. Man kennt es aus Wörtern wie paranormal, parallel, paradox, Paraphrase und Paradigma.

Neben der Normalität, wie wir sie kennen, existiert eine Paranormalität. Beide laufen nebeneinander, obwohl sie dieselbe Basis haben und sich derselben Materie bedienen, aber auf eine unterschiedliche, parallele Weise. Para-Romane beziehen diese »paranormale« Realität mit ein und stellen immer wieder die Frage, wie normal das »Normale« ist, und das in jeder Hinsicht: gesellschaftlich, psychologisch, philosophisch, politisch, weltpolitisch usw. Para-Romane beschäftigen sich mit sehr irdischen und sehr weltlichen Themen, allerdings nicht auf die herkömmliche Weise. Die Welt, wie wir sie kennen, ist stets fester Bestandteil der Para-Romane, aber aus ihrer Sicht wird die Welt als multidimensional und nicht nur materiell wahrgenommen.

Melanie Meier bezeichnet ihre Bücher als »Para-Romane der Wendezeit«, denn sie dienen nicht nur der Unterhaltung, sondern auch dem Paradigmenwechsel.

www.melanie-meier.de